이토록 가벼운
8컷 철학

Original Japanese title: ZAKKURIWAKARU 8 KOMA TETSUGAKU
Copyright © 2022 Hitoshi Ogawa, mame, Asahi Shimbun Publications Inc.

Original Japanese edition published by Asahi Shimbun Publications Inc.
Korean translation rights arranged with Asahi Shimbun Publications Inc.
through The English Agency (Japan) Ltd. and Danny Hong Agency

이 책의 한국어판 저작권은 대니홍 에이전시를 통한 저작권사와의 독점 계약으로
주식회사 인터파크커머스에 있습니다. 저작권법에 의해 한국 내에서 보호를 받는
저작물이므로 무단전재와 복제를 금합니다.

피식하는 사이 철학이 뇌에 스며든다!

이토록 가벼운
8컷 철학

오가와 히토시 지음 | 마메 그림
김수정 옮김

반니

차례

들어가며 _7
철학사 간단 지도 _10

제1장 고대~중세 철학
세계의 기원을 탐구하기 시작한 시대

- **소크라테스** 나는 '내가 모른다'는 것을 안다 _14
- **플라톤** 본질을 알고 싶다면, 육체에서 떨어져 영혼의 눈으로 봐야 한다 _18
- **아리스토텔레스** 사물의 본질은 각각의 현실 속에 있다 _22
- **에픽테토스** 자기 의사 밖에 있는 것은 멀리하고 생각하지 않는 것이 좋다 _26
- **토마스 아퀴나스** 철학은 신학의 시녀 _30
- **칼럼 1** 고대 그리스 철학과 중세 기독교 철학 _34

제2장 근세 철학
의식이 싹트기 시작한 시대

- **파스칼** 인간은 생각하는 갈대 _36
- **몽테뉴** 나는 과연 무엇을 아는가? _40

데카르트 나는 생각한다, 고로 존재한다　_44

스피노자 신 외에는 어떠한 실체도 존재하지 않는다　_48

홉스 만인의 만인에 대한 투쟁　_52

베이컨 아는 것이 힘이다　_56

로크 갓 태어난 인간의 마음은 백지 상태와 같다　_60

버클리 존재한다는 것은 지각된 것이다　_64

흄 인간이란 끊임없이 움직이는 다양한 지각의 다발이다　_68

칼럼 2 인간이 주목받기 시작한 시대, 근세 철학　_72

제3장　근대 철학
사회를 이루어 살아가는 의미를 물은 시대

벤담 최대 다수의 최대 행복　_74

밀 배부른 돼지보다 배고픈 소크라테스가 낫다　_78

루소 자연으로 돌아가라　_82

칸트 인간이 인식할 수 있는 것은 경험 가능한 세계에 한정된다　_86

셸링 정신은 눈에 보이지 않는 자연이다　_90

헤겔 문제가 생겼을 때, 그것을 극복하면 한 단계 더 위의 수준에 도달할 수 있다　_94

쇼펜하우어 인간의 욕망은 끝이 없어서 인생은 고통으로 가득해진다　_98

니체 신은 죽었다　_102

마르크스 혁명을 일으켜 사회주의를 실현하는 것은 역사의 필연　_106

칼럼 3 의식과 자유에 눈을 돌린 근대 철학　_110

제4장 현대 철학 〈Part 1〉
격동에 휩쓸린 세계를 고민한 시대

베르그송 시간은 인간의 깊은 내면에서 만들어지며 직관되는 것이다 _112
하이데거 자신의 죽음을 진지하게 마주할 때, 본래의 생에 눈뜬다 _116
사르트르 인간은 자유라는 형벌에 처해 있다 _120
메를로퐁티 나의 몸과 세계는 같은 살로 만들어져 있다 _124
레비나스 나는 타자에 대한 책임을 지고 있다 _128
비트겐슈타인 말할 수 없는 것에 대해서는 침묵해야 한다 _132
칼럼 4 두 번의 세계대전이 현대 전반 시기 철학에 끼친 영향 _136

제5장 현대 철학 〈Part 2〉
새로운 세계의 창조를 시도한 시대

듀이 지식이란 곤란을 해결하고 더욱 잘 살기 위한 도구다 _138
아렌트 사람은 행위와 언론으로 세상에 모습을 드러낸다 _142
레비스트로스 어떤 문명이든 자기 사고의 객관성을 과대평가하는 경향이 있다 _146
푸코 사람들은 사회의 순종하는 수감자로, 자발적으로 권력에 묶여 있다 _150
데리다 개선한다는 것은 탈구축하는 것을 뜻한다 _154
들뢰즈 리좀의 어떤 한 점이든 다른 어떤 한 점과 접합될 수 있다 _158
칼럼 5 혁신, 차이와 변화, 전후에서 21세기 철학으로 _162

 들어가며

■ 철학이란 무엇일까?

이 세상에서 친해지기 가장 어려운 학문을 꼽아보라면 아마 철학을 빼놓을 수 없을 것입니다. 시작부터 겁을 준다고 생각할 수도 있겠지만 사실이 그렇습니다.

그렇다면 **철학이란 과연 무엇**일까요? 한마디로 정리하자면, **사물의 본질을 탐구하는 학문**입니다. 사물의 가장 중요한 부분을 밝혀내고자 하지요.

그럼, 왜 사물의 본질을 탐구하냐는 질문이 돌아올 것 같네요. 여기에는 여러 가지 이점이 있기 때문입니다. 바로 세상 모든 사물과 현상의 가장 중요한 부분을 안다는 이점이지요. 이런 이유라면 다들 너도나도 철학을 하고 싶어지겠죠?

다만 문제는 **철학을 한다는 것이 생각보다 어렵다는 점**입니다. 저는 늘 당연하게 여기던 것을 의심하고, 시점을 바꾸어 보고, 재구축하는 것이 철학 하는 것이라 말하곤 합니다. 이렇게 쓰고 보니 매우 간단해 보이는데, 당연한 것을 의심하는 것, 시점을 바꾸어 보는 것, 재구축하는 것, 하나하나 모두 실제로는 녹록지 않은 작업입니다.

그렇다고 포기할 수는 없죠. 그래서 역사상 유명한 철학자들이 철학을 했던 방법을 **만화를 통해 친근하고 쉽게 소개**해 철학을 하는 다양한 방법을 익힐 수 있도록 도우려고 합니다.

■ 철학 하면 이런 좋은 점이 있다!

철학을 하면 여러 이점이 있다고 말했는데요. 철학에 더욱 흥미를 느낄 수 있도록 구체적인 예를 소개하겠습니다. **철학을 하면 사물의 본질, 즉 가장 중요한 부분을 파악할 수 있어서 고민이나 문제를 해결**할 수 있게 됩니다.

사람을 사랑하는 데서 가장 중요한 것, 또는 불안의 정체, 나아가서는 사회가 원활히 돌아가지 않는 원인까지 그 해답이 분명하게 보이게 될 것입니다. 참고로 저는 지금까지 방송이나 잡지에서 철학을 활용해 고민을 상담하고, 여러 조언을 전해왔습니다. 그리고 지금은 기업이나 지방자치단체의 문제를 해결하는 데 도움도 주고 있습니다.

오가와 선생님
야마구치대학 국제종합과학부 교수이며, 전문 분야는 공공철학이다. 이색적인 사회 경력이 있는 철학자로, 다양한 미디어에서 활약 중이다. 여러 책을 썼다.

어떠신가요? 철학의 이점이 충분히 전달되었나요? 철학의 좋은 점은 밤새 더 늘어놓을 수도 있지만, 이다음은 앞으로 이 책을 읽어가실 독자분들의 몫으로 남겨두도록 하겠습니다. **철학의 어떤 점이 좋은지** 가득 실어놓았으니 기대해주세요!

어느 좋은 날
오가와 히토시

갑자기 철학을 주제로 8컷 만화를 그려달라는 지령을 받았습니다. 전혀 모르는 분야지만…, 그려보았습니다.

마메

독특한 그림체와 특유의 유머 감각으로 사랑받는 만화가다. 지금까지 철학을 공부해본 적이 없다. 홋카이도에 거주하는, 세 아이를 둔 싱글맘.

철학의 시작부터 현대의 철학까지, 책의 흐름이 한눈에 보이는

철학사 간단 지도

제 1 장
고대~중세 철학 기원전~15세기경

고대 그리스 철학

철학의 아버지
소크라테스
BC469?~BC399

이데아와 에로스
플라톤
BC427?~BC347?

학문의 아버지
아리스토텔레스
BC384~BC322

스토아 학파

금욕주의
에픽테토스
50?~138?

스콜라 학파

스콜라 철학의 완성자
토마스 아퀴나스
1225?~1274

" 세계의 기원을 탐구하기 시작한 시대 "

【세계란 무엇인가?】
세계의 성립과 인간의 존재 등에 대해 생각했던 시대. 중세는 기독교 철학이 발전했다.

제 2 장
근세 철학 16~18세기경

모럴리스트

생각하는 갈대
파스칼
1623~1662

크세주?
몽테뉴
1533~1592

대륙 합리론

나는 생각한다, 고로 존재한다
데카르트
1596~1650

범신론
스피노자
1632~1677

정치 철학

만인의 투쟁
홉스
1588~1679

영국 경험론

영국 경험론의 시조
베이컨
1561~1626

자연권
로크
1632~1704

지각의 일원론
버클리
1685~1753

지각의 다발
흄
1711~1776

" 의식이 싹트기 시작한 시대 "

【인간이란 무엇인가?】
르네상스 시대를 지나 다시 한번 인간에게 주목한 시대. 인간의 본질에 대한 논의가 펼쳐졌다.

제3장 근대 철학 18~19세기경

공리주의

최대 다수의 최대 행복
벤담 1748~1832

질적 공리주의
밀 1806~1873

계몽사상
사회계약론
루소 1712~1778

독일 관념론
비판철학
칸트 1724~1804

동일철학
셸링 1775~1854

독일 관념론의 완성자
헤겔 1770~1831

생의 철학

비관주의
쇼펜하우어 1788~1860

실존철학

초인
니체 1844~1900

정치철학

사회주의
마르크스 1818~1883

" 사회를 이루어 산다는 것의 의미를 물은 시대 "

【이성이란 무엇인가?】
개인의 자유와 국가의 개념 등이 발전한, 철학이 가장 빛났던 시대.

【다양화하는 세계의 앞날은?】
미국으로 옮겨 간 세상의 중심. 프랑스에서는 현대 사상이 발전.

제4장 현대 철학 〈Part 1〉 19~20세기

생의 철학

순수지속
베르그송 1859~1941

실존철학

존재
하이데거 1889~1976

실존주의

실존주의
사르트르 1905~1980

현상학

신체론
메를로퐁티 1908~1961

타자
레비나스 1906~1995

분석철학

언어 게임
비트겐슈타인 1889~1951

" 격변하는 세계를 고민한 시대 "

【언어란 무엇인가?】
두 차례의 세계대전은 철학에도 큰 영향을 끼쳤고, 새로운 고찰이 시작되었다.

제5장 현대 철학 〈Part 2〉 20~21세기

프래그머티즘

도구주의
듀이 1859~1952

공공철학

활동
아렌트 1906~1975

구조주의

구조주의
레비스트로스 1908~2009

포스트 구조주의

포스트 구조주의
푸코 1926~1984

탈구축
데리다 1930~2004

생성 변화
들뢰즈 1925~1995

" 새로운 세계의 창조를 시도한 시대 "

제 1 장

고대~중세 철학

세계의 기원을 탐구하기 시작한 시대

소크라테스 철학의 아버지	BC 469? ~ BC 399
플라톤 이데아와 에로스	BC 427? ~ BC 347?
아리스토텔레스 학문의 아버지	BC 384 ~ BC 322
에픽테토스 금욕주의	50? ~ 138?
토마스 아퀴나스 스콜라 철학의 완성자	1225? ~ 1274

세계란 무엇인가?

소크라테스 Socrates

나는 '내가 모른다'는 것을 안다

■ 소크라테스의 문답법

다들 소크라테스를 철학의 아버지라고 부른대.

마메

소크라테스

살았던 시기: BC469?~BC399 **주 활동 지역:** 고대 그리스 **분류:** 고대 그리스 철학 **주요 저서:** 없음

고대 그리스의 철학자. 철학의 아버지라 불린다. 문답법을 통해 진리를 탐구했다. 저서는 한 권도 남기지 않았다.

마치 '질문 폭격기'처럼 꼬리에 꼬리를 무는 질문을 이어가는 소크라테스. 소크라테스가 이렇게 계속 질문하는 까닭은 결코 그가 이상한 사람이라서가 아닙니다. 이것이 기본적인 철학 하는 방식이며, 이러한 방식을 바로 '문답법'이라고 합니다. 사물에 의문을 품고 질문을 던질 때, 비로소 사물의 본질이 밝혀지는 법입니다. 당연하게 보이는 것들에 굳이 질문을 던지다 보면, 보이지 않던 것들이 보이기 시작합니다. 그리고 어느새 다른 사람들보다 세상을 보는 시야가 넓어지지요.

오가와 선생님

'무지의 지', 왜 모르는 것이 좋은 것인가?

■ 거리를 돌아다니며 계속해서 질문하다

거리를 돌아다니며 **문답법으로 사람들에게 질문을 던지고 다녔던** 소크라테스. 그는 왜 이런 질문을 하기 시작한 것일까요? 그것은 어느 날, 자신이 가장 현명하다는 신의 계시를 받았기 때문입니다. 말이 안 된다고 생각한 소크라테스는 과연 그 계시가 맞는지 밝히기 위해 마을에서 현자라고 불리는 사람들에게 질문을 하며 돌아다니게 됩니다.

그렇게 밝혀낸 것은 **다들 잘 모르면서 아는 척할 뿐**이었다는 경악할 사실이었습니다.

소크라테스는 깨달았습니다. **자신처럼 겸허하게 모른다는 사실을 받아들이고 모르는 것에 대해 질문을 퍼붓는 편이, 새로운 것을 더 많이 알 기회를 얻는다는 것을요.** 그리고 그만큼 다른 사람보다 현명해질 수 있다는 것도요. 이것이 바로 '**무지의 지**'입니다.

그때부터 소크라테스는 마을의 현자들을 붙들고는 '자네, 자유가 무언지 아는가?', '사람이란 무엇인가?'와 같은 질문을 던졌습니다. 정말 귀찮게 구는 할아버지지요. 마치 성가시게 들러붙는 등에 같지 않나요? 하지만 젊은이들은 이러한 소크라테스의 매력에 흠뻑 빠져 정신을 못 차렸다고 합니다. 마치 전기가오리 같다나? 등에도, 전기가오리도 모두 소크라테스의 별명입니다. 성가시지만, 찌릿한 자극을 주는 할아버지. 참 보통이 아닌 할아버지죠?

■ 만만치 않은 할아버지의 순탄치 않았던 인생의 최후

소크라테스의 인생을 엿볼 수 있는 사건이 바로 그가 광장에서 펼친 연설이었습니다. 그는 신들을 의심한 죄로 재판장으로 끌려갑니다. 하지만 그는 그곳에서도 자기 생각을 멋지게 연설로 풀어내며 청중의 마음을 사로잡습니다.

그러나 소크라테스는 사형을 선고받습니다. 결국 소크라테스는 스스로 미련 없이 독배를 들이켜 죽음을 맞이합니다. 그렇게 전설이 된 것이죠. 이렇듯 참으로 꼬장꼬장한 할아버지라 **단 한 권의 책도 남기지 않았지만**, **제자인 플라톤이 소크라테스의 말들을 정리해 남긴 덕분에** 현대의 우리도 소크라테스의 목소리에 감명받을 기회를 얻을 수 있었습니다. "현대인들이여, 그대들은 아는가?" 이렇게 묻는 소리가 들려오는 듯합니다.

문답법의 별명

문답법이라는 방식으로 수없이 질문하고 다녔던 소크라테스. 그 이유는 질문을 통해 상대가 스스로 답을 찾도록 도울 수 있기 때문이었다. 그래서 문답법을 출산을 돕는 산파에 비유해 '산파술'이라고도 부른다.

소크라테스 한 줄 정리

계속해서 질문을 던짐으로써
진리에 다가갈 수 있다.

플라톤 Platon

본질을 알고 싶다면, 육체에서 떨어져 영혼의 눈으로 봐야 한다

■ 진짜 모습

'영혼의 눈'은 어디에 있는 거지?

마메

플라톤

살았던 시기: BC427?~BC347? **주 활동 지역:** 고대 그리스 **분류:** 고대 그리스 철학 **주요 저서:** 《향연》, 《소크라테스의 변명》

고대 그리스의 철학자. 소크라테스의 제자. 완전한 이상의 세계(이데아)와 현실의 세계(현상계)의 이원론을 주장했다.

개성 넘치는 머리 스타일이네요! 플라톤은 사물의 본래 모습은 이데아계라는 이상의 세계에 있다고 생각했습니다. 그래서 우리가 보고 있는 것은 그 본래 모습의 그림자에 지나지 않는다고 보았지요. 그럼, 어떻게 해야 그 본래의 모습을 볼 수 있을까요? 본래의 모습은 보통의 눈에는 보이지 않기 때문에, 마음의 눈, 즉 영혼의 눈으로 보아야 한다고 합니다. 이것이 바로 철학 하는 방법입니다.

오가와 선생님

'이데아'와 '에로스', 현실이란 무엇인가? 사랑이란 무엇인가?

■ 현실 세계는 이상 세계의 그림자

플라톤은 소크라테스의 유지를 이은 한편, 철학을 학문으로 한층 승화시킨 인물입니다. 플라톤은 **사물의 본질을 이데아**라고 부르며, 이데아는 우리가 보는 세상이 아니라 이데아계라는 이상 세계에 존재한다고 생각했습니다. 그래서 **평소에 우리는 사물의 본질을 볼 수 없죠. 우리가 보고 있는 것은 이데아의 그림자일 뿐입니다**.

이를 설명하려고 플라톤이 활용한 것이 **동굴의 비유**입니다. 동굴 안 벽을 마주 보고 앉은 사람은 동굴 밖에 있는 사물을 직접 볼 수가 없습니다. **벽에 비친 그림자만 보일 뿐**입니다. 플라톤은 **이러한 상태야말로 우리의 일상이며 현실**이라 합니다.

돌아앉으면 되지 않냐고 생각할 수도 있겠지만, 밧줄로 묶여 있어서 꼼짝도 할 수 없다는 설정입니다. 목도 못 움직이냐고 할 수도 있는데, 너무 세세하게 따지지는 말아주세요. 어디까지나 사고실험이니까요. 그럼, 이 상황에서 동굴 밖에 있는 진짜를 보려면 어떻게 해야 할까요?

머리를 써서 이성적으로 생각하면 됩니다. 바로 이것이 철학 하는 방법이지요. **진짜를 알고 싶다고, 진짜를 손에 넣고 싶다고 간절히 생각**할 필요가 있습니다. 그러한 마음을 플라톤은 **에로스**라고 불렀습니다.

■ 플라톤의 사랑은 순수한 사랑

사랑이라는 단어를 보고 오해하시는 분들이 계실 것 같은데, 플라톤이 말한 사랑은 이성애적인 감정이 아닙니다. 원래 **에로스는 이상에 대한 동경과 같은 감정을 의미**합니다. 사랑도 그중 하나인데, 결코 불처럼 뜨거운 감정이 아니라 오히려 순수한 감정이라 할 수 있습니다. 동경하는 마음이니까요. 순수한 사랑을 이르는 플라토닉 러브Platonic love, 즉 플라톤의 사랑이라는 말도 바로 여기서 비롯했습니다.

하지만 이상이란 영원히 손에 넣을 수 없는 것입니다. 다시 말해 플라톤이 말하는 에로스는 **영원의 이상향을 향한 끊임없는 갈구**입니다. 그리고 이 갈구는 끊임없이 앎을 추구하는 철학의 태도, 그 자체라고도 할 수 있겠습니다.

동굴의 비유

플라톤의 책 《국가》 제7권에 나오는 유명한 비유이다. 입구를 등진 채 동굴에 묶여 있는 수인(죄수)이 있다. 동굴 벽만 볼 수 있는 이 수인은 동굴 안쪽 벽에 비친 동물의 그림자를 실제 동물이라고 착각하게 된다. 현실 세계(현상계)의 사상事象이 진실이라고 믿는 사람은 이 수인과 같다는 비유이다.

> **플라톤 한 줄 정리**
>
> 사물의 본질은 이데아계에 있고,
> 현실 세계는 그 그림자일 뿐이다.

아리스토텔레스 Aristoteles

사물의 본질은 각각의 현실 속에 있다

■ 사물의 본질을 탐구한 아리스토텔레스

아리스토텔레스

살았던 시기: BC384~BC322 **주 활동 지역:** 고대 그리스 **분류:** 고대 그리스 철학 **주요 저서:** 《형이상학》, 《니코마코스 윤리학》

고대 그리스의 철학자. 플라톤의 제자. 이상주의적인 플라톤과 달리 현실주의적인 사상을 펼쳤다.

모든 학문의 아버지라 불리는 아리스토텔레스는 모든 학문을 분류하고, 각 학문의 방법론을 확립했습니다. 물론 철학의 방법론도요. 그만큼 대단한 인물입니다. 특히 아리스토텔레스는 사물이 과연 어떻게 존재하는지, 그 원인으로 거슬러 올라가 생각하기를 중요시했다고 합니다. 그것이 바로 사물의 생성 과정인 '4원인설四原因說'입니다.

오가와 선생님

'중용', '4원인설', 최고의 선택이란 무엇인가?

■ 어떤 일이든 적당히 중용을 취하라

아리스토텔레스는 플라톤의 제자였으며, 그리스·페르시아·인도에 이르는 대제국을 건설했던 마케도니아의 알렉산더 대왕Alexandros the Great, BC356~BC323을 가르쳤던 인물입니다. 그만큼 우수하고 인망이 깊은 사람이었습니다. 말년에는 그리스 아테네 교외에 학교를 세워 많은 제자를 양성한, 존경받는 스승이었다고 합니다.

아리스토텔레스는 공동체를 중시했는데요, 이는 고대 그리스의 공동체를 최우선으로 생각하는 윤리를 주장했던 것을 보면 알 수 있습니다. **'인간은 폴리스 같은 동물이다'**라는 유명한 말을 남겼는데, 이 말은 인간이 경찰이라는 의미가 아니라 공동체를 이루는 존재라는 의미입니다.

폴리스란 고대 그리스 도시 국가를 뜻합니다. 아리스토텔레스는 이 **작은 공동체 안에서 사람들이 서로 도우며 살아가는 모습을 이상적**이라고 여겼습니다. 그래서 서로 돕는 윤리인 **필리아**Philia를 중요시했죠.

필리아는 우정이나 박애로도 번역되는 사랑의 개념으로, **동료에 대한 사랑**이라고 생각하면 좋을 듯합니다. 그리고 동료를 소중히 여긴다면 너무 자신을 내세우거나 반대로 너무 소극적인 것은 좋지 않다고 했습니다.

그래서 아리스토텔레스는 **메소테스**Mesotēs, 즉 **중용이라는 덕**을 주장했습니다. **무엇이든 적당한 것이 좋다는 의미**입니다. 물론 만화에서 보았듯이 사물을 탐구할 때는 '적당히'가 없었지만요…….

■ 모든 사물은 네 가지 원인으로 성립된다

이러한 아리스토텔레스의 탐구심이 구체화된 것 중 하나가 바로 사물의 구성 방식을 밝힌 논리(4원인설)입니다. **사물의 재료로서의 '질료인', 사물의 원형이라고 볼 수 있는 '형상인', 형상을 현실화하는 행위로서의 '운동인', 최종 형태로서의 '목적인'이 있다는 생각**입니다.

확실히 현실의 사물은 이 네 개의 과정으로 구성되는 것 같습니다. 이상주의자인 플라톤의 제자이지만, 굉장히 현실적인 사고를 했던 아리스토텔레스. 르네상스 시대 화가인 라파엘로가 그린 명화 〈아테네 학당〉(→34쪽)을 보면, 중앙에서 논쟁하는 두 사람의 모습을 확인할 수 있는데, 이 모습은 두 사람의 차이를 상징적으로 드러내고 있습니다.

사물의 본질
플라톤은 사물의 본질은 이데아계에 있다고 여겼지만, 아리스토텔레스는 사물의 본질은 각각의 현실(개체) 안에 있다고 여겼다. 그리고 개체 안에 내재한 본질을 '형상', 개체의 소재를 '질료'로 구분했다.

아리스토텔레스 한 줄 정리

이 세상은 뭐든지 '적당히'가 제일.

에픽테토스 Epictetus

자기 의사 밖에 있는 것은 멀리하고 생각하지 않는 것이 좋다

■ 손에 닿지 않는 것을 욕심내지 말라

아무 생각 없이 멍때린 적은 많긴 한데.

마메

에픽테토스

살았던 시기: 50?~138? **주 활동 지역:** 고대 그리스 **분류:** 스토아 학파 **주요 저서:** 《어록》, 《개요》

금욕주의를 주장한 스토아 학파의 철학자. 원래는 노예 출신으로 나중에 해방되어 철학을 파고들었다. 한때 황제도 가르쳤다고 한다.

이런, 삼겹살맛 사탕이라니……. 하지만 이 만화에 그려진 모습이 바로 에픽테토스의 주장 그대로랍니다. 에픽테토스는 금욕주의를 추구한 철학자로, 욕망을 잘 다스려 행복을 얻는 방법을 설파했습니다. 먹을 수 없는 삼겹살을 계속 생각한다면 행복해지기 어렵겠죠. 그렇다고 에픽테토스의 삼겹살맛 사탕이 삼겹살을 대신하진 못하는 모양입니다…….

오가와 선생님

'아파테이아', 마음의 평온을 얻는 방법이란?

■ 노예 출신 철학자

고대 로마의 연회를 본 적이 있나요? 하인들이 머리에 큰 접시를 이고 연회 참석자들 사이를 차례로 돌았다고 합니다. 중식 요릿집에 있는 회전 테이블의 인간화 같군요.

이 연회 방식의 한 가지 문제는 먹고 싶은 음식이 올 때까지 기다려야 한다는 것인데요, 중식 요릿집의 회전 테이블도 마찬가지로 답답할 때가 있죠. 이럴 때 욕구불만을 억누르는 방법이 있습니다. 고대 그리스 철학자, 에픽테토스의 사상이 그 방법입니다.

그런데 왜 고대 그리스 철학자가 고대 로마 연회를 떠올렸을까요? 사실 에픽테토스의 부모는 고대 그리스 사람이었지만, 전쟁 포로로 로마에 끌려와 노예가 되었다고 합니다.

즉, 에픽테토스는 **원래 노예 신분이었던 철학자**였습니다. 이런 배경은 그의 사상에 크게 영향을 끼쳤을 것입니다. 노예는 많은 것들을 참아야만 했을 테니까요. 그래서 **금욕주의를 주장하는 스토아 학파의 철학자가 된 것**일지도 모르겠네요.

■ 마음의 평온이 가장 중요

에픽테토스는 먹고 싶은 음식이 올 때까지 기다리다 욕망에 사로잡히지 말라고 말합니다. **손에 넣을 수 없는 것을 원해봤자 불행해질 뿐**이라면서요. 그 대신 바로 손 닿는 것으로 참아내라고 합니다.

확실히 그렇게 하면 일단은 마음이 평온해질 것입니다. 무엇도 손에 넣지 못해 불만족스러운 상태보다 당장 손에 넣을 수 있는 것으로 만족할 수 있다면 행복도 가까워질 테죠. 마음이 평온하다는 것은 최고의 상태입니다. 때때로 마음이 평온한 상태란 욕구가 충족된 상태라기보다는 마음이 편안한 상태라고 할 수 있습니다.

목까지 차오를 만큼 먹고 오히려 후회한 적이 있지 않나요? 이런 경우를 생각해보면, **일단 평온한 상태가 최고**란 것을 알 수 있습니다. 이는 **스토아학파의 행복관인 마음의 평온, 아파테이아**Apatheia**라고 부르는 상태**입니다. 끓어오르는 욕구를 절제한다는 의미지요. 하지만 역시 삼겹살은 배부르게 잔뜩 먹고 싶은 법인데 말이죠. 아파테이아의 길은 멀고도 멀군요······.

■ 황제를 가르친 노예 출신 철학자

로마 제국의 노예였지만 철학을 배운 에픽테토스. 주인은 네로 황제의 충신이었다. 에픽테토스는 20대에 노예 신분에서 해방된 후 그리스에 학교를 세운다. 이 학교에 로마 황제 하드리아누스도 가르침을 얻고자 방문했다.

에픽테토스 한 줄 정리

마음의 평온을 찾기 위해서 욕망을 버리자.

토마스 아퀴나스 Thomas Aquinas

철학은 신학의 시녀

■ 아아, 신이시여

스콜라 철학의 스콜라(schola)는
스쿨(school: 학교)의 어원이래.

마메

토마스 아퀴나스

살았던 시기: 1225?~1274 **주 활동 지역:** 이탈리아 **분류:** 스콜라 철학 **주요 저서:** 《신학대전》
중세 이탈리아의 신학자이자 철학자. 아리스토텔레스 철학과 기독교의 융합에 매진했다. 스콜라 철학의 완성자라 불린다.

토마스 아퀴나스는 신의 열렬한 추종자였나 봅니다. 당시 아리스토텔레스의 철학이 유럽에 역수입 형태로 전파되어 많은 주목을 받았죠. 하지만 기독교의 권위를 위협할 우려가 있었기 때문에 아퀴나스는 어떻게든 아리스토텔레스 철학을 와해시키려고 했습니다. 물론 철학을 기독교에 융합시키는 식이었지만요.

오가와 선생님

'존재의 유비', 신은 어떤 존재인가?

■ 철학은 신학을 시중드는 학문?

토마스 아퀴나스는 신학자였지만 분명 철학에 반해버린 인물이었을 것입니다. 하지만 당시 그것은 금단의 사랑이었지요. 그래서 어떻게든 신의 눈을 속일 필요가 있었습니다.

이를 상징하는 것이 **'철학은 신학의 시녀'**라는 말입니다. 언뜻 **신학이 철학의 우위에 있다는 의미**로 보이지만, 사실 속내는 그렇지 않습니다. 오히려 **철학의 독자적인 의의를 온전히 인정**시키고자 했습니다.

그 증거는 그의 주요 저서인 《신학대전》에서 확인할 수 있습니다. 토마스 아퀴나스는 마치 아리스토텔레스의 논리적인 논의를 반영한 것처럼 보이는 형식으로 내용을 서술해나갑니다. 당시 기독교 교리를 철학의 언어로 바꿔 쓴 것이죠.

이렇게 **스콜라 철학**이라 불리는 학문의 체계를 쌓아갔습니다. 여기서 우리가 잊지 말아야 할 사실은 토마스 아퀴나스의 탐구 대상은 신으로, 신이 **'존재론의 제1 기초'**, 즉 **가장 기초가 되는 존재**라는 것입니다. 다만, 이를 설명하는 데 철학의 논리를 활용했을 뿐입니다.

■ 신은 존재 그 자체가 본질

토마스 아퀴나스와 관련해 가장 잘 알려진 것은, **존재의 유비**일 것입니다. 토마스 아퀴나스는 **아리스토텔레스의 철학 체계와 기독교의 체계를 대조해 공통점을 찾아냈습니다**. 물론 그렇다고 인간과 신이 같은 차원에서 비교할 수 있는 대상이라고 생각한 것은 아닙니다.

예를 들어, 형식적으로는 '인간:인간의 존재=신:신의 존재'라고 표현할 수 있더라도, '인간의 존재=신의 존재'라고 말하기는 어렵습니다. 신의 본질은 매우 크고, 가늠할 수 없기 때문입니다. 이는 유한한 존재인 인간의 한계로, 인간은 무한의 존재인 신의 본질을 인식할 수 없다는 것을 의미합니다.

그래서 **인간을 포함한 다른 모든 사물과 달리, 신에 관해서만은 존재가 그 자체로 본질**이라 합니다. 즉, '신은 위대하다'라고 할 때, '신=위대함'이라는 등식이 성립하는 것이죠.

그렇지 않다면, 아무리 생각해도 신이 무엇인지 이해할 수 없기 때문입니다.

보편논쟁

12세기 중반, 기독교 문화가 중심이었던 유럽에서 십자군을 통해 이슬람권으로부터 아리스토텔레스 철학이 역수입되었다. 이를 계기로 기독교와 아리스토텔레스 철학, 둘 중 어느 것이 맞는지, 나아가 보편이 실재하는지 묻는 '보편논쟁'으로까지 발전했다.

토마스 아퀴나스 한 줄 정리

신은 존재 그 자체로, 존재가 곧 본질이다.

칼럼 1 — 고대 그리스 철학과 중세 기독교 철학

■ 철학은 고대 그리스에서 탄생

철학은 약 2,000년 전 고대 그리스에서 탄생했습니다. 자연 현상을 이론적으로 설명하려고 했던 것이 그 시작이었죠. 자연 현상을 논리적으로 설명함으로써 세계가 어떻게 이루어져 있는지를 밝혀내거나, 우주에 대해 논했습니다. 이러한 철학자들을 자연철학자로 부릅니다.

그러던 중에 인간의 삶과 사회에 대해 사유하는 철학자들이 등장합니다. 그 최초의 인물이 바로 소크라테스입니다. 그래서 소크라테스는 철학의 아버지라고 칭송받고 있지요. 사물과 현상을 의심하고, 바라보는 시점을 바꾸어보고 재구성한다는 철학의 방식을 밟아가며 사유하기 시작한 인물도 소크라테스이기 때문에 선구자라 불릴 만하네요.

그 후, 소크라테스의 제자인 플라톤이나, 플라톤의 제자인 아리스토텔레스가 철학 학교를 세우며 철학자들이 많이 늘어납니다. 고대 로마 시대에도 마찬가지였습니다. 스토아 학파의 철학자, 에픽테토스도 그중 한 명입니다.

■ 한풀 꺾인 중세의 철학?

하지만 중세 시대는 기독교, 즉 신이 최고의 가치인 시대였기 때문에 모든 것을 의심하는 철학은 자연히 그 기세가 꺾이게 됩니다. 기독교에서 세상 모든 것은 신이 창조한 것이기 때문이죠. 이런 시대 분위기 속에서도 어떻게든 철학과 기독교를 정합적으로 설명하려고 노력했던 사람들이 있었습니다. 그 대표적인 인물이 토마스 아퀴나스와 같은 신학자입니다.

그렇지만 역시 중세가 끝날 때까지 철학이 원래의 힘을 되찾기란 어려웠습니다.

〈아테네 학당〉(후세의 목판화). 왼쪽 중앙에서 손을 위로 들고 있는 인물이 플라톤이며, 그 오른쪽 옆에서 아래를 가리키는 인물은 아리스토텔레스다.

제 2 장

근세 철학

의식이 싹트기 시작한 시대

파스칼	몽테뉴	데카르트	스피노자	홉스	베이컨	로크	버클리	흄
인간은 생각하는 갈대	크세주?	나는 생각한다, 고로 존재한다	범신론	만인의 만인에 대한 투쟁	영국 경험론의 시조	자연권	지각의 일원론	지각의 다발
1623~1662	1533~1592	1596~1650	1632~1677	1588~1679	1561~1626	1632~1704	1685~1753	1711~1776

인간이란 무엇인가?

파스칼 Blaise Pascal

인간은 생각하는 갈대

■ 생각하는 갈대

파스칼은 39세라는 짧은 생을 살았다고 하네……

마메

블레즈 파스칼

살았던 시기: 1623~1662 **주 활동 지역:** 프랑스 **분류:** 모럴리스트 **주요 저서:** 《팡세》
프랑스의 사상가·수학자·물리학자. 파스칼의 정리 등으로 수학이나 물리학 분야에서도 유명하다. 사람들에게 도덕적인 삶을 설파하고 다녔던 모럴리스트다.

갈대는 가냘프고 연약한 식물입니다. 파스칼은 인간이란 바람이 불면 이리저리 흔들리는 갈대처럼 나약한 존재라고 말하고 싶었던 것 같습니다. 인간은 조금이라도 무슨 일이 있을라치면 고민에 빠지고 행동에 망설임이 생기니까요. 하지만 인간은 생각할 능력이 있다는 점에서 식물과는 다른 존재입니다. 나약하지만 생각하는 만큼 강하지요. 이러한 강인함에 초점을 맞춰본다면, 인간이란 존재로서 자신감을 가져도 되지 않을까요?

오가와 선생님

'생각하는 갈대', 인간은 섬세하고 나약한 존재?

■ 늘 고민 많고 예민했던 파스칼

파스칼은 정말 섬세한 성격이라서 어떻게 살아야 할지 고민하며 하루하루를 보냈다고 합니다. 젊은 시절에는 이른바 '인싸(인사이더라는 뜻으로, 어떤 행사나 모임에도 잘 어울리는 사람을 이르는 신조어-옮긴이)'로 방탕한 생활을 하는가 하면, 갑자기 신의 품으로 귀의하기도 했답니다. 몸이 약해 자주 아프기도 했다네요.

그래서인지 파스칼은 **감성을 중시**했습니다. 물론 철학자이기 때문에 생각하는 것을 가장 중요하게 생각했지만, 특히 이 **생각한다는 말의 의미를 아주 깊이 곱씹었습니다.**

당시 '생각한다'라고 하면 바로 떠오르는 이가 있었는데, 바로 데카르트입니다. 데카르트는 당시에도 영향력 있는 철학자였는데요, 데카르트의 사고는 이성을 중시하며 합리성을 추구했기 때문에 파스칼은 데카르트를 맹렬히 비판했습니다. 그중에는 그저 비난에 지나지 않은 표현도 있긴 하지만……. 어쨌든 그만큼 파스칼이 감성을 살리는 것을 중요시했다는 것을 알 수 있습니다.

파스칼은 감성을 중시하는 것을 **섬세한 정신**이라고 불렀습니다. 섬세한 감성을 살린 사고라는 의미이지요. 이와 달리 파스칼은 데카르트가 추구하는 합리적인 사고를 **기하학적 정신**이라고 하며, 사고에는 두 정신이 모두 필요하다고 주장했습니다.

■ 생각하는 갈대란?

앞서 살펴본 바로 미루어 볼 때, **파스칼이 말한 '생각하는 갈대'란 표현은 단순히 갈대처럼 연약한 존재를 가리키는 것이 아니라, 섬세함을 갖춘 존재**를 말하는 것일지도 모르겠네요.

생각해보면 전전긍긍 고민하는 일이 꼭 나쁜 것만은 아닙니다. 고민하기 때문에 생각하고, 생각하기 때문에 강해질 수 있습니다. 언제나 '고민 없음!'이라고 말하는 사람을 보게 되면, 오히려 정말 괜찮냐는 의문이 들기도 하지 않나요?

파스칼은 **모럴리스트를 대표하는 인물**입니다. 여기서 **모럴리스트란 수필 형식으로 철학을 한 일파**를 일컫습니다. 자신의 고민과 그에 대한 사색을 매일 덤덤하게 써 내려갔을 파스칼이 그려지네요. 실제로《팡세》는 파스칼이 죽고 나서 그동안 써온 글들을 엮어서 낸 유고집입니다. 매일의 고민에 대한 혼잣말, 한숨, 깨달음이 담겨 있지요. 이러한 인간적인 동질감 때문에 지금의 우리도 그의 생각에 공감할 수 있는 것이 아닐까요.

조숙했던 천재

수학자이자 과학자로도 유명한 파스칼은, 헥토파스칼이라는 기압의 단위로 익숙하다. 10대 때부터 두각을 드러내어 원뿔곡선의 정리, 파스칼 원리의 발견, 확률론 창시 등 과학계에 수많은 업적을 남겼다.

파스칼 한 줄 정리

인간은 갈대처럼 나약한 존재이지만,
생각할수록 강해질 수 있다.

몽테뉴 Michel Eyquem de Montaigne

나는 과연 무엇을 아는가?

■ 호기심 대장 몽테뉴

나는 모르는 게 태반인데.

마메

미셸 드 몽테뉴

살았던 시기: 1533~1592 **주 활동 지역:** 프랑스 **분류:** 모럴리스트 **주요 저서:** 《에세》

프랑스의 사상가로, 대표적인 모럴리스트다.
수필 형식으로 쓴 주요 저서 《에세》는 근대 철학에 큰 영향을 미쳤다.

몽테뉴는 박식한 사람으로, 저서 《에세》는 제목처럼 다양한 일에 대한 수필로 엮여 있습니다. 방대한 사유가 담긴 이 책을 통해 몽테뉴가 하고 싶었던 말은 '이만큼 지식을 축적했지만, 정말 나는 안다고 할 수 있는가?'였습니다.
만화에서는 그 점을 풍자하고 있지요.
'스스로 생각하라고'요.

오가와 선생님

'크세주', 안다는 것은 무엇인가?

■ 지식을 쌓기만 해서는 의미가 없다.

'크세주Que sais-je?'라는 말을 들어본 적이 있나요? 이 말은 몽테뉴 사상의 키워드입니다. 프랑스어로 '나는 과연 무엇을 아는가?'라는 뜻입니다. 그래서 몽테뉴의 사상을 회의주의라고도 하지요.

회의주의란 사물을 의심하는 자세를 뜻합니다. 하지만 **몽테뉴의 경우에는 무엇이든 의심하는 것이 아니라 자신이 사물을 보는 방식이나 생각하는 방식에 의문**을 던졌습니다. 이렇게 의문을 품고 답을 구하는 데에는 깊은 사유가 필요하죠. 생각을 음미한다고 해도 좋겠네요.

몽테뉴는 외부에서 앎을 구하는 다른 사람들과는 달리 자신은 오히려 **자기 내부에서 앎을 구한다**고 했습니다. 그러려면 외부에서 얻은 지식을 그대로 비판 없이 받아들이는 것이 아니라, 일단 의심하고, 다시 고찰하는 과정을 거쳐야 했습니다.

■ 상식을 의심하면 좋은 점

한 가지 예로, 아버지의 역할에 대해 몽테뉴는 이렇게 말했습니다. 보통 아버지는 자녀들을 지켜야 한다고 하는데, 그렇게 되면 아이들을 걱정하기만 하다가 영영 자녀와 분리되지 못할 것이라고요.

그래서 **걱정을 기대로 바꿔야 한다**고 했습니다. 걱정이 기대로 바뀌면, 마찬가지로 아이들에게 애정을 쏟더라도 그 애정이 부정적인 형태가 아니라 긍정적인 형태로 거듭날 수 있다는 것이지요. 그렇게 따뜻한 시선으로 자녀를 지켜보는 부모가 될 수 있지요.

한편 이런 이야기도 했습니다. 다들 인간관계가 중요하다고 하지만, 실은 그로 인해 자기 시간을 뺏기는 일이 많지 않냐고 물었다네요. 그러면서 사람이 많은 파티장에서도 자기 내면에 골몰한다면 자유롭게 사색할 수 있다고 했다고 합니다.

과연, **누구보다도 사색하는 시간을 중요하게 여긴 사상가**답군요. 다른 사람의 말을 듣는 척하며 다른 생각을 하는 기술이 필요한데, 이 기술이 능숙해지면 생산성도 올라가겠네요.

몽테뉴처럼 이 세상의 상식을 의심하고 자기 자신에게 질문하면 좋은 점이 많아 보이네요. 여러분도 '크세주?' 해보실래요?

귀족 출신으로 시장이 되기도

몽테뉴는 프랑스 보르도 부근의 신흥 귀족 출신이었다. 법학을 배워 보르도의 고등법원에서 근무한 후, 4년간 보르도의 시장직을 역임하기도 했다. 이 무렵 유럽은 종교전쟁(위그노 전쟁)이나 페스트의 유행 등으로 혼란했다.

몽테뉴 한 줄 정리

지식을 얻기만 해서는 의미가 없다.
그 지식을 '크세주?' 해보자.

데카르트 René Descartes

나는 생각한다, 고로 존재한다

■ 모든 것을 의심하라?!

데카르트는
근세 철학의 시초래.

마메

르네 데카르트

살았던 시기: 1596~1650 **주 활동 지역:** 프랑스 **분류:** 대륙 합리론 **주요 저서:** 《방법서설》, 《성찰》

프랑스의 철학자. 대륙 합리론의 시초라고 불린다. '나는 생각한다, 고로 존재한다'라는 말로 유명하다.

무엇이든 일단 철저하게 의심했던 데카르트.
바로 절대로 의심할 수 없는 것을 찾기 위해서였습니다.
만약 의심할 수 없는 것이 있다면, 그것이야말로 사물을
고찰할 때 이 세상에서 가장 확실한 기준이 될 테니까요.
끊임없는 의심 끝에 데카르트가 깨달은 것은 의심하고 있는 자기
자신은 의심의 여지가 없다는 것이었습니다. 즉, 자신의
의식이야말로 기준이라는 것이지요. 명언 '나는 생각한다,
고로 존재한다'가 탄생한 순간입니다.

오가와 선생님

'방법적 회의', '심신이원론', 철저하게 의심하여 알게 된 것은?

■ 이 세상에서 절대적으로 확실한 것

원래 데카르트는 무엇이든 확실히 하고 싶어 하는 성격이었습니다. 데카르트가 제일 먼저 확실하게 하고 싶었던 것은 **이 세상에서 절대적으로 확실한 것**이었습니다. 이를 위해 활용한 작전이 사물을 철저하게 의심하는 **방법적 회의**였죠. 이 방법적 회의를 통해 '그러고 보니 지금 의심하고 있는 나만은 의심할 수 없다'라는 결론에 이르게 됩니다.

나는 지금 의심하고 있다, 즉 생각하고 있다. 이것만은 꿈이 아니라 지금 여기에 존재하는 확실한 것이라고 할 수 있다. 이것이 '**나는 생각한다, 고로 존재한다**'의 정확한 의미입니다. 이 발견 이후, 데카르트는 의식을 왕처럼 여기게 됩니다.

이를 달리 말하면, 의식, 곧 마음 이외에는 그 무엇도 중요하지 않다는 말이 됩니다. 사물뿐만 아니라 인간의 몸조차도요. 이를 **심신이원론**이라고 하며, **마음과 몸을 별개로 생각하는 방식**입니다. '몸은 기계와 같다'라고 데카르트는 말했습니다. 후대 철학자들이 필사적으로 반론을 제기했지만, 좀처럼 이 논리를 이길 수는 없었습니다. 확실히 AI를 탑재한 로봇에게 의식이 싹튼다면, 데카르트가 말한 대로 되겠네요. 다시 보니, 실로 무서운 주장이네요!

■ 인간은 왜 슬플 때 눈물을 흘리는가?

한편 데카르트는 **슬플 때 눈물이 나는 이유**를 계속 궁리했습니다. 어느 왕녀의 질문이 그 계기였는데요, **마음과 육체는 별개인데 어떻게 연결되어 있는지** 묻는 왕녀의 질문에 데카르트는 대답할 수 없었다고 합니다.

그래서 해부 등의 방법을 동원해 어렴풋이 그러한 기능을 하는 것으로 보이는 뇌 기관을 발견합니다. 결국 훗날 그것은 사실이 아님이 밝혀지지만, 이 사건을 계기로 데카르트는 감정에도 관심을 두기 시작했습니다. 또다시 무엇이든 확실히 하고 싶은 성격이 발동한 것이죠. '인간은 왜 슬퍼하는가!', '인간은 왜 화를 내는가!'처럼요. 그 결과, 근대 감정론의 원조라고도 불리는 감정에 관한 철학책까지 씁니다.

의식이란 무엇인가, 몸이란 무엇인가, 감정이란 무엇인가. 이러한 인간의 가장 중요한 문제에 대해 획기적인 답을 내놓은 데카르트. 데카르트는 **근세 철학의 시초**로, 영원히 역사에 이름을 남겼습니다.

연역법

데카르트가 창시한 철학적 방법론. 보편적인 사실을 전제로 결론을 도출하는 방법으로, 삼단논법이 대표적이다. 구체적인 예로, A(인간은 언젠가 죽는다), B(데카르트는 인간이다), C(따라서 데카르트는 언젠가 죽는다)라는 논법을 들 수 있다. 연역법은 대륙 합리론(→72쪽)의 근간이 되었다.

데카르트 한 줄 정리

이 세상에서 유일하게 확실한 존재는
나의 의식뿐이다.

스피노자 Baruch Spinoza

신 외에는 어떠한 실체도 존재하지 않는다

■ 이 세계의 모든 것이 신

스피노자는 렌즈를 깎아 생계를 이어갔다고 하네.

마메

바뤼흐 스피노자

살았던 시기: 1632~1677 **주 활동 지역:** 네덜란드 **분류:** 대륙 합리론 **주요 저서:** 《에티카》

네덜란드 철학자. 데카르트의 계통을 이은 대륙 합리론 철학자 중 한 명이다. 유대교에서 파문당해 옥탑방에 숨어 살며 글을 썼다.

스피노자의 사상에는 신이 넘쳐납니다. 세상 모든 것을 신으로 보았기 때문이죠. 이런 사상을 '범신론汎神論'이라고 합니다. 식물도, 동물도 모두 신. 우리 인간도 그 일부일 따름입니다. 신만이 실체이므로 사물이 존재하기 위해서 신 외의 다른 근거는 필요하지 않습니다. 아시아의 민속종교나 샤머니즘에도 모든 것에 신이 깃들어 있다는 생각이 담겨 있는데, 스피노자의 신은 그 이상입니다.

오가와 선생님

'범신론', 이 세계 모든 것은 신?

■ 신은 자연법칙과 같은 것

스피노자는 이 세상을 일원론적으로 보았는데, **모든 것이 신**이기 때문입니다. 그 외의 것은 신의 양태modus로, 예를 들어 인간이란 신의 일부가 인간의 모습으로 나타났을 뿐이라는 것입니다. 여러분도, 저도, 강아지도 모두 신의 일부에 지나지 않습니다.

이런 **신의 일부로서 존재하는 우리는 본래 정해진 역할이 정해져 있어서** 그 기능을 착실히 수행해야 한다고 주장했습니다. 하지만 인간을 보면 알 수 있듯이, 금방 지치거나 풀이 죽어 좀처럼 원래의 힘을 발휘하기 어려운 것이 현실입니다.

이럴 때, 원래 상태로 돌아가려는 힘인 **코나투스**Conatus가 작용합니다. 스피노자의 신은 이 세상 모든 것이지, 강한 힘을 가진 하나의 신을 의미하지 않습니다. 스피노자는 **신즉자연**神卽自然이라고 말하는데, 신은 자연법칙과 같다는 뜻입니다.

따라서 코나투스도 자연법칙처럼 사람의 의지와 상관없이 작용합니다. 인간이 자신의 의지만으로 원상태로 돌아가고자 해봐야 무리이지요. 그럼 어떻게 해야 할까요? 어떤 주어진 조건을 전제로 해서 자신의 의지로 돌아가고자 하면 됩니다.

자신의 의지에는 원인이 있기 마련인데, 궁극적으로 신, 즉 이 세상을 움직이는 큰 힘 안에서 코나투스가 작용하고 있다는 사실을 자각만 하면 됩니다.

이것은 신비한 사상처럼 보이지만 사실 그렇지도 않습니다. 왜냐하면 이 세상이 우리의 의지만으로 움직일 리가 없다는 당연한 이치를 말하고 있기 때문이죠. 우리가 의지로 세상을 움직일 수 있다는 생각이야말로 엄청난 착각으로, 오히려 신비하기까지 하네요!

■ 조금 색다른, 스피노자의 자유란

그래서 스피노자는 **주어진 조건 속에서 자신의 본래 역할을 수행하는 것을 '자유'라고 했습니다**. 우리가 생각하는 자유의 개념과는 180도 달라 보이지만, 모든 것이 신이며 인간도 신의 한 형태에 지나지 않는다고 하면, 일리 있는 주장입니다. 이처럼 스피노자가 그린 세계관은 근대 이후 우리가 품어온 생각과는 큰 차이가 납니다. 하지만 우리가 믿는 상식을 다시 보게 한다는 데에 의미가 있습니다.

심신평행론
데카르트는 이성과 육체가 별개라고 보았지만, 스피노자는 이성과 육체는 같은 신의 두 가지 양태일 뿐이라고 했다. 즉, 존재 방식의 차이로, 실체는 같다는 뜻이다. 이것을 심신평행론이라 한다.

> **스피노자 한 줄 정리**
> 인간의 몸도 정신도 모두 신의 일부다.
> 세상 모든 것이 신의 일부다.

홉스 Thomas Hobbes

만인의 만인에 대한 투쟁

■ 자신의 권리

홉스의 건강 유지 비결은 노래를 부르는 것이었다고 하네요.

마메

토머스 홉스

살았던 시기: 1588~1679 **주 활동 지역:** 영국 **분류:** 정치철학 **주요 저서:** 《리바이어던》

영국의 철학자. 자유와 평등을 인간의 기본적인 권리(자연권)라 보며 '만인의 만인에 대한 투쟁'을 피하기 위한 사회계약을 주장했다.

> 홉스는 '사회계약설'을 주창한 최초의 인물입니다. 인간은 욕망덩어리이기 때문에 그냥 두면 싸움을 일으켜 질서가 무너진다고 생각했습니다. 그래서 자신의 권리를 왕에게 넘기자고 제안했습니다. 그렇게 하면, 모두 왕에게 복종해야 하기 때문입니다. 하지만 그 대신 자유를 잃고 말 테죠. 이 부분이 문제가 되어, 훗날 다른 버전의 사회계약설이 나오는 계기가 됩니다.

오가와 선생님

'사회계약설', 국가를 어떻게 만들 것인가?

■ 인간은 자연 상태에서는 서로 싸우기만 할 뿐

'**만인의 투쟁! 인간은 인간에게 늑대와 같다!**' 이것이 기본적인 홉스의 인간관입니다.

다시 말해, 인간은 모두 쾌락을 추구하며 자신의 욕망을 채우고자 하므로 서로 충돌하고 맙니다. 이런 상태를 이른바 **자연 상태**라고 합니다. 인간도 자연 속에서 살아가는 동물이기 때문입니다. 인간의 탈을 쓴, 짐승과 다를 바 없는 사람들을 떠올려보면 이해가 될 것입니다.

사람들은 이 점을 잘 알고 있어서 우선 **싸움을 멈추고 서로의 권리를 인정하자**고 합의에 이르게 됩니다. 이 합의를 **자연법**이라고 합니다. 하지만 인간에게 약속만으로 서로를 신뢰하기란 어려운 일이지요. 분명 약속을 어기는 사람이 있으리라는 사실을 모두 이미 알고 있기 때문입니다.

■ 자신의 권리를 계약으로 왕에게 위임하다

사람들은 상호 간의 합의 후에 자신의 권리를 어느 한 사람에게 위임해 커다란 힘을 실어주어 통제받는 편이 낫다고 생각하게 됩니다. 그 통제자가 바로 왕입니다.

모두 자신의 권리를 계약에 기반해 왕에게 양도하는 편이 좋다고 생각한 것이지요. 이것이 **홉스의 사회계약설**입니다. 전멸보다는 나을 테니까요. 이렇게 되면 왕은 괴물 같은 권력을 가지게 되지만, 별다른 선택지가 없습니다. 그래서 실제로 홉스의 저서의 제목은 성서에 나오는 바다 괴물의 이름을 따 '**리바이어던**Leviathan'(→72쪽)이라고 붙여졌습니다.

이 표지에는 거대한 왕이 그려져 있는데, 자세히 보면, 왕이 입고 있는 옷은 무수히 많은 인간으로 이루어져 있습니다. 지브리 애니메이션 〈센과 치히로의 행방불명〉에 등장하는, 사람을 먹고 거대해진 '가오나시' 같기도 합니다. 어쩌면 정말 그러한 것일지도 모르겠네요.

다들 자기 멋대로 살아서는 안 된다고 일갈하는 왕. 만화에 등장하는 홉스는 그렇지 않았지만, 당시의 왕은 권력을 자기 맘대로 부렸기 때문에 저런 말을 들으면 '남 말하네'라는 말이 절로 나옵니다. 절대왕정을 기반으로 권력을 휘두르던 왕과 다르게 홉스의 사회계약설을 기반으로 한 왕은 모두의 의지를 근간으로 하는 만큼 훨씬 대하기 까다롭습니다. '남 말하네'라고 할 수 없기 때문입니다.

왕권신수설

근세 초기 유럽의 절대왕정을 뒷받침한 사고방식. 왕의 지배권은 신에게 받은 것이므로 불가침의 영역이라는 의미다. 시민계급은 사회계약설로 왕권에 투항했다. 하지만 홉스의 사회계약설은 실제로는 절대왕정을 옹호하는 주장이 되고 말았다.

> **홉스 한 줄 정리**
>
> 사람들이 계약에 따라 왕에게 권리를 위임하면 절대적인 권력이 만들어진다.

베이컨 Francis Bacon
아는 것이 힘이다

■ 베이컨의 분석

베이컨은 영국 경험론의 시조래.

마메

프랜시스 베이컨

살았던 시기: 1561~1626 **주 활동 지역:** 영국 **분류:** 영국 경험론 **주요 저서:** 《노붐 오르가눔(신기관)》

영국의 철학자. 실험과 관찰을 통해 일반법칙을 도출하는 '귀납법'을 고안했다. 개별적인 경험을 중시한 사고법으로 영국 경험론의 시조라고 불린다.

야구를 잘하는 선수들의 공통점이 물을 잘 챙겨 먹는 점이라니 대체 무얼 관찰했냐고 물어보고 싶어지는군요. 하지만 사실 이러한 태도는 매우 중요합니다. 베이컨은 관찰을 통해 자연의 수수께끼를 밝혀냈기 때문입니다. 각각의 현상에는 공통점이 있고, 그 공통점을 종합해가면 일반적인 원칙을 발견할 수 있다는 것입니다. 이것이 바로 '귀납법'입니다.

오가와 선생님

'귀납법', 보편적인 법칙을 도출하는 방법이란?

■ 야심을 드러내기 위해 공부를 시작하다

베이컨은 엄청난 야심가로 정치의 세계에서 큰 성공을 거뒀는데, 거기서 만족하지 않고 학문의 세계에서도 자신의 야심을 한껏 발휘했습니다. 베이컨은 무려 위대한 철학자인 아리스토텔레스에게 싸움을 걸었습니다. 물론 베이컨의 일방적인 싸움이었지만요…….

베이컨은 아리스토텔레스가 수립한 학문의 체계를 비판하며 새로운 학문을 제안하고자 했습니다. 그리고 실제로 이에 성공했고, 베이컨은 근대 학문의 아버지로 불리게 됩니다. 대체 무엇이 새로웠던 것일까요? 바로 방법론이었습니다.

아리스토텔레스 이후 학문은 **이론을 중시**했는데, 베이컨은 **관찰과 실험을 중시**했습니다. 지금이야 당연한 이야기지만, 이 당연함을 만든 것이 다름 아닌 베이컨입니다.

■ 상식을 의심하고, 관찰과 실험을 할 것

새로운 주장을 확립하기 위해서는 그동안 당연시됐던 상식을 전부 의심할 수밖에 없습니다. 그래서 베이컨은 먼저 **인간이 편견에 빠져 있다**는 전제로부터 시작했습니다. 베이컨은 이 편견을 **이돌라**idola, 즉 **우상**이라고 하고, 이를 네 가지로 분류했습니다. 바로 **인간이기 때문에 발생하는 실수를 의미하는 '종족의 우상'**, 개인적인 경험에서 생기는 '동굴의 우상', 소문에 근거하는 '시장의 우상', 권위에 기인하는 '극장의 우상'입니다.

이 네 가지를 의심하고서야 관찰과 실험에 돌입할 수 있습니다. 본질을 직접 밝혀내는 것이지요. 그렇게 베이컨 스스로 **관찰과 실험**을 반복하면서 과학 법칙과 같은 무언가를 발견합니다.

이 사고방식은 **귀납법**이라 불리며, 후에 **영국 경험론**(→72쪽)**의 단서가 됩니다**. 베이컨의 철학은 '**아는 것이 힘**'이라는 말로 상징되는데, 여기서 말하는 '앎'이란 **경험에 기반한 올바른 지식을 의미**합니다.

이런 올바른 지식이야말로 자연 현상 앞에 무력하기만 했던 인간에게 진정한 힘을 부여했다고 볼 수 있지 않을까요. 이후 인간은 과학과 기술이라는 힘을 손에 넣으며, 오히려 자연을 지배하게 됩니다.

우상의 구체적인 예시

종족의 우상: 눈의 착각과 같이 인간 공통의 감각으로 인해 현혹되는 것.
동굴의 우상: 개개인이 받은 교육 등으로 편협한 사고에 갇힌 것.
시장의 우상: 인터넷상에 범람하는 유언비어에 빠진 것.
극장의 우상: 방송이나 영화와 같은 미디어에 의한 영향.

> **베이컨 한 줄 정리**
>
> 편견을 없애고 관찰과 실험에 매진하라.

로크 John Locke

갓 태어난 인간의 마음은 백지 상태와 같다

■ 로크의 중요 개념

마메

존 로크

살았던 시기: 1632~1704 **주 활동 지역:** 영국 **분류:** 영국 경험론 **주요 저서:** 《인간 지성론》, 《통치론》

영국의 철학자. 영국 경험론의 완성자라 불린다. 사회계약설로 익숙하다. 자연권을 최상위로 두고, 이를 침해하는 행위에 저항할 권리를 인정했다.

다무라 사라, 다부라 사라, 타불라 라사! 아이고, 이미 머릿속에 익숙한 단어가 있으면 저도 모르게 그렇게 들리는 경우가 있지요. 로크에게 '타불라 라사'란 그만큼 중요한 개념이었습니다. 경험을 써 내려가기 위한 마음, 장소라는 의미인데, 이를 통해 사물을 알아간다고 생각했기 때문입니다.

오가와 선생님

'타불라 라사', 인간의 관념은 언제 만들어지는가?

■ 백지 상태의 마음에 경험이 적히다

모든 일은, 곧 경험이죠. 경험 없이는 그 어떤 것도 알 수가 없으니까요. 하지만 사람에게는 태어날 때부터 갖춰진 지식, 즉 **생득관념**이 있다고 본 철학자들이 있었는데, 바로 프랑스의 데카르트를 포함한 유럽 대륙의 철학자들이었습니다. 그리고 이러한 대륙 합리론의 주장을 비판한 철학자들이 바로 영국의 경험론 철학자들이었습니다.

로크는 이 **영국 경험론을 완성했다**고 평가받는 인물입니다. 마음에는 **타불라 라사**tabula rasa라 불리는 새하얀 종이 같은 것이 있는데, 여기에 **경험한 것들이 적힌다**고 보았습니다.

우리는 경험한 일을 종종 노트에 기록해두기도 하니, 확실히 마음속에서도 경험을 글로 남기는 작용이 일어난다고 상상할 수 있겠네요.

조금 더 구체적인 예로 인간이 지식을 얻는 과정을 설명해보겠습니다. 먼저 우리는 오감으로 사물을 파악합니다. 딱딱하다, 투명하다, 차갑다, 이런 식으로요. 이것을 **인상**이라고 합니다. 이 인상이 마음속에 정착하면 **관념**이라 부릅니다.

이러한 관념에도 종류가 있어 분류할 수 있습니다. 딱딱함, 투명함, 차가움과 같은 각각의 인상은 그 자체로 **단순 관념**으로서 정착하지만, 이것들이 합해지면 얼음이라는 **복합 관념**이 됩니다.

또한, 복수의 단순 관념에 공통 요소가 있으면, 그것을 **추상 관념**이라 합니다. 예를 들어, 투명, 하양, 파랑이라는 단순 관념은 색깔이라는 추상 관념을 가집니다.

■ 사회계약으로 자연권을 지키다

이렇게 로크는 마음의 구조에 관한 철학에 커다란 발자취를 남겼는데, 로크가 대단한 이유는 여기에 그치지 않고 사회의 구조에 관한 철학에도 영향을 미쳤기 때문입니다. 그 영향은 지금까지도 여전히 계속되고 있습니다. **사람이 태어나면서부터 가지는 '자연권natural rights'을 지키기 위한 사회계약설이란 발상**이 그것입니다. 한 사람 한 사람의 권리를 지키기 위해서는 개개인과 국가의 계약이 필요하며, 이는 개인과 국가가 서로 계약을 지킴으로써 성립합니다.

로크가 여러 분야에서 획기적인 발견을 할 수 있었던 이유는 무엇이든 그 뿌리까지 거슬러 올라가 탐구하던 태도에 있지 않을까요.

로크의 자연권
로크는 개인은 생명, 자유, 재산(개인이 만들어낸 생산물)을 소유할 권리가 있다고 보고, 이것들의 소유권을 자연권이라고 생각했다. 만약 국가가 개인의 자연권을 침해한다면, 개인은 저항할 권리가 있다고도 주장했다.

로크 한 줄 정리

인간의 지식은 모두 경험을 통해 쓰인다.

버클리 George Berkeley

존재한다는 것은 지각된 것이다

■ 계속 보고 있다

캘리포니아주의 버클리시는 그를 기념하기 위해 지어졌다고 해.

마메

조지 버클리

살았던 시기: 1685~1753 **주 활동 지역:** 아일랜드 **분류:** 영국 경험론 **주요 저서:** 《인지원리론》

아일랜드의 철학자. 영국 경험론 사상가 중 한 명. 사람이 지각함으로써 사물이 존재한다는 지각의 일원론을 주장했다.

중요한 물건은 제대로 보고 있지 않으면 불안하지요. 없어지면 안 되니까요. 두 눈 크게 뜨고 지켜보는 것은 이런 심리가 반영된 행위가 아닐까요. 하지만 시선을 받는 쪽이라면 정말 부담스러울 것 같네요. 특히 먹을 때는 피해주면 좋겠는데 말이죠. 버클리는 사물의 존재를 생각할 때는 제대로 보이는지에 대한 지각의 의의를 중시했습니다.

오가와 선생님

'지각일원론', '주관적 관념론', 지각이란 무엇인가?

■ 지각하기 때문에 존재한다?

버클리도 경험을 중시하는 철학자였지만, **그가 말하는 경험이란 지각**을 말합니다. 다시 말해, 보인다거나 만진다거나 하는 자기 자신의 지각에 의한 확인이 없는 한, 사물의 존재를 인정할 수 없다는 의미입니다.

인질과 몸값의 교환을 요구하는 범죄자가 돈을 직접 보기 전까지 경찰을 신뢰하지 않는 것과 마찬가지입니다. 그게 인간의 심리겠죠. 실제로 눈으로 확인하기 전에는 안심할 수 없다는……. 그래서 버클리는 **존재란 지각되는 것**이라고 주장했습니다. 바로 **지각일원론**을 말합니다. 모든 것은 지각, 그 자체라는 말이지요.

하지만 버클리의 주장대로라면 보지 않을 때는 사물은 존재하지 않는 것이 되어버립니다. 그건 조금 이상하지 않나요. 그래서 버클리는 이런 경우에는 **신이 대신 보고 있다**고 합니다. 어쩐지 억지로 끼워서 맞춘 느낌도 있지만, 버클리는 신학자였기 때문에 그 나름대로 일리 있는 주장 같네요.

■ 모든 사물은 인간의 마음속에

다만, 버클리의 주장을 파헤쳐 보면, 어느새 신은 아무 상관 없어져버립니다. **이 세상의 사물 중 인간의 지각 범위를 넘어서 존재하는 것은 없다**는 결론이 나오기 때문입니다. 이를 **주관적 관념론**이라고 합니다. 모든 것은 지각 속에 생겨나고 존재한다는 것이죠. 바꿔 말하면 인간의 마음속에서 모든 것이 일어나고 있다는 말이 됩니다.

예를 들어, 내가 UFO를 지각하고 그 존재를 확인했다고 해도, 그것은 나 자신에게만 그런 사실이 있었을 뿐 모든 사람이 UFO가 존재한다고 믿을 근거가 되지는 못합니다.

실제로 UFO를 봤다고 확신하는 사람의 말을 아무리 들어도 그것만으로 그 존재를 믿기란 어렵지요. 그래서 모두가 뚫어져라 지켜보게 되는 것입니다. 만화에서 버클리가 식사를 계속 쳐다본 것처럼 말이죠. 아, UFO가 자주 등장하지 않는 이유는 어쩌면 모두가 지켜보고 있기 때문일 수도 있겠네요.

버클리시의 유래

미국 캘리포니아주의 버클리시는 철학자 버클리의 이름에서 유래했다. 버클리는 당시 신대륙에 대학을 설립하기 위해 미국으로 향했지만, 자금 조달에 실패해 귀국했다. 훗날 버클리의 뜻을 기리는 사람들에 의해 지명이 되었다.

버클리 한 줄 정리

자신이 보고 있는 사물은 존재한다.
자신이 보지 않는 사물도 신이 보고 있다.

흄 David Hume

인간이란 끊임없이 움직이는 다양한 지각의 다발이다

■ 다발이란 무엇인가?

루소와 우정을 나누었지만, 결국 결별했대.

마메

데이비드 흄

살았던 시기: 1711~1776 **주 활동 지역:** 스코틀랜드 **분류:** 영국 경험론 **주요 저서:** 《인성론》
스코틀랜드의 철학자. 영국 경험론을 이었으며 회의론을 주장했다. 인간은 지각의 다발에 지나지 않으며, 실체는 존재하지 않는다고 했다.

확실히 답이 너무 기네요! 하지만 흄이 말하고 싶었던 지각의 다발은 이렇게 설명할 수밖에 없습니다. 지각의 다발을 한마디로 간결히 정리해봐야 '무슨 말이지?'란 반응만 돌아올 테니까요. 지각의 다발은 흄이 창안한 독자적인 개념으로 인간은 다양한 것을 지각하고, 이것들을 하나의 다발처럼 여긴다는 뜻이지요. 그리고 이 다발이 다름 아닌 자기 자신이라 주장합니다.
앗, 설명이 너무 길었나요?

오가와 선생님

'지각의 다발', 자신의 존재란 무엇인가?

■ 이 페트병은 정말 여기에 있는가?

여러분 앞에 음료가 가득 찬 페트병이 있다고 가정해봅시다. 가장 먼저 어떤 인상을 주나요? 마시고 싶다? 재활용해야지? 조금 모양이 이상하네? 아마 이 정도의 감상이 떠오를 것입니다. 그런데 흄이 생각한 인상은 조금 다릅니다.

흄은 이 페트병이 정말 여기에 있는 것인지 생각합니다. 바로 눈앞에 있는데도요! …… 역시 조금 특이하지요? 그도 그럴 것이 흄의 사상은 어떤 의미에서 **회의주의**이기 때문입니다. 철저하게 사물에 대해 의심하는 성향의 사상이요.

그중에서도 **흄이 가장 의심했던 것이 사물의 존재**입니다. 사물이 그곳에 존재한다는 것을 우리는 어떻게 아는 것일까요? 만져보면 알 수 있지만, 만질 수 없는 것은 어떡해야 할까요? 가령 상자에 들어 있다거나 멀리 있다면요?

그렇다면, 촉각 이외에 눈으로 보거나 냄새를 맡는 등의 다른 감각에만 의지할 수밖에 없습니다. 그렇게 우리는 사물에 대한 인상을 얻습니다.

하지만 인상이란 사물 자체가 아니라 어디까지나 색이나 냄새와 같은 사물의 성질일 뿐입니다. 즉, 우리는 **사물의 실체를 존재로서 확인하는 것이 아니라 어디까지나 성질을 확인하는 것에 지나지 않습니다**. 그것도 인상으로서 말이죠…….

■ 인간은 그저 지각의 다발일 뿐?

바꿔 말해, 우리가 실체라고 믿는 것은 성질에 대한 인상에 지나지 않습니다. 우리가 지각했을 뿐인 대상이지, 실체는 아니죠. 이 발상을 계속 이어 간다면 어떻게 될까요?

무려 우리 자신조차 **실체로서 존재하는 것이 아니라 매 순간 다양한 지각을 하고 있을 뿐**이라는 결론에 다다르게 됩니다. 믿기 어렵겠지만, **여러분은 그저 지각의 다발 같은 것**이라는 뜻입니다.

만화에서 흄이 농담처럼 대답했듯이 우리의 존재란 기쁨, 괴로움, 피곤함, 귀찮음의 모음에 지나지 않는 것이죠.

인과관계는 존재하는가?

흄은 인과관계(인과율)도 경험에 따른 착각이라고 말한다. 예를 들어, '불을 만지면 뜨겁다'라는 사실은 '이제까지 불을 만지면 뜨거웠기 때문에'라는 주관적인 상상에 불과하다고 주장한다.

흄 한 줄 정리

자신의 존재란 매 순간의 지각에 지나지 않는다.

칼럼 2. 인간이 주목받기 시작한 시대, 근세 철학

■ 르네상스와 '대륙 합리론'

중세 시대가 끝나자 신 대신에 인간이 다시 한번 주목을 받습니다. 바로 르네상스 시대가 도래한 것이지요. 인간의 자유로운 정신을 논한 모럴리스트인 파스칼과 몽테뉴, 혹은 인간의 의식이야말로 이 세상에서 유일하게 확실한 것이라고 주장한 근세 철학의 시초, 데카르트 등이 대표적인 인물들입니다.

데카르트는 인간은 태어나면서부터 여러 가지 관념, 즉 지식이 갖춰져 있다고 하며, 이른바 생득관념론을 주창했습니다. 데카르트의 주장을 추종하고 발전시킨 이들이 스피노자와 라이프니츠입니다. 이들은 모두 유럽 대륙의 각기 다른 나라 출신이었기 때문에, 이런 학파를 대륙 합리론이라고 불렀습니다.

■ 이미 하나의 사조가 된 '영국 경험론'

대륙 합리론의 정반대에 섰던 것이 베이컨에서 시작된 경험주의입니다. 경험주의란 글자 그대로 경험을 중시하는 철학입니다. 인간에게는 태어날 때부터 갖춰진 관념 같은 것은 없다고 보고, 오히려 그것들은 경험을 통해 획득된다는 주장을 펼쳤습니다. 베이컨도, 그 뒤를 이은 로크, 버클리, 흄도 모두 영국 주변 출신이었기 때문에 이들의 논의는 영국 경험론이라고도 불렸습니다.

이렇게 유럽에서는 두 개의 커다란 사조 아래 인간의 본질을 둘러싸고 격렬한 논의가 펼쳐졌습니다. 또, 홉스나 로크는 이러한 인간의 본질을 기반으로 인간이 어떻게 사회를 만드는지를 논했습니다. 이는 근세의 또 다른 측면인 절대왕정을 무너뜨리기 위한 이념, 사회계약설의 탄생이었습니다.

《리바이어던》의 왕(17세기 우표). 거대한 왕의 옷은 수많은 사람으로 이루어져 있다.

제3장

근대 철학

사회를 이루어 살아가는 의미를 물은 시대

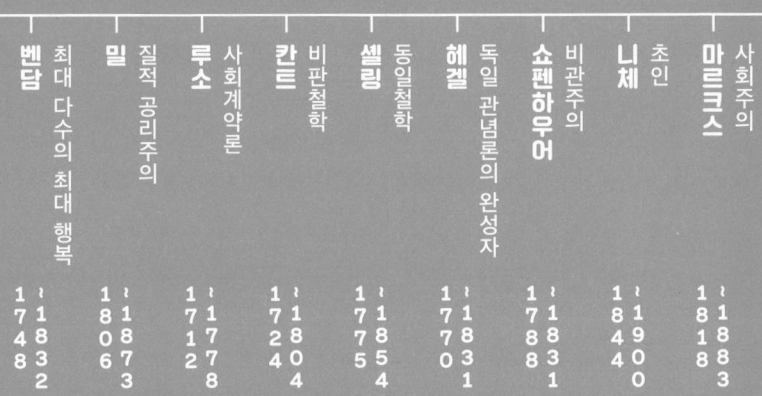

벤담	밀	루소	칸트	셸링	헤겔	쇼펜하우어	니체	마르크스
최대 다수의 최대 행복	질적 공리주의	사회계약론	비판철학	동일철학	독일 관념론의 완성자	비관주의	초인	사회주의
1748~1832	1806~1873	1712~1778	1724~1804	1775~1854	1770~1831	1788~1831	1844~1900	1818~1883

이성이란 무엇인가?

벤담 Jeremy Bentham

최대 다수의 최대 행복

■ 생각하는 갈대

벤담은 12살에 옥스퍼드 대학에 입학했대요.

마메

제러미 벤담

살았던 시기: 1748~1832 **주 활동 지역:** 영국 **분류:** 공리주의 **주요 저서:** 《도덕과 입법의 원칙에 대한 서론》

영국의 사상가. 공리주의의 창시자. 공리성의 원리를 들어 행복한 사회를 위해서는 효용을 최대화해야 한다고 주장했다.

우주에 가는 꿈은 이미 현실이 되어가고 있지요.
이처럼 한 사람 한 사람의 꿈이 이루어지면,
이 세상 전체의 행복은 늘어납니다. 벤담은 전체의 행복이 늘어나는
것이야말로 옳다고 주장했습니다. 이 주장이 벤담이 고안해낸
'공리주의(utilitarianism)'라는 사상입니다.
다만, 전체의 행복을 최대로 하는 것이 목적이기 때문에,
이 과정에서 희생되는 사람이 나오고 마는 것이
이 사상의 약점입니다.

오가와 선생님

'공리주의', 사회 전체의 행복이란?

■ 쾌락이 고통보다 크면 된다

공리주의의 창시자, 벤담. 벤담은 인간의 본질을 **고통을 피하고, 쾌락을 추구**하는 존재로 보았습니다. 고통은 악이며, 쾌락은 선이라는 의미이죠. 확실히 맞는 말입니다.

결국 **인간에게 옳은 것이란 쾌락을 늘리는 일**인 것이죠. 그래서 벤담은 **쾌락 계산법**이라는 방법을 고안해냅니다. 쾌락이 늘어나도록 계산해서, 그 값이 클수록 바람직하다는 생각입니다.

이 생각을 공리주의라 합니다. 이후에도 밀이 주장한 **질적 공리주의**를 포함해 여러 형태의 공리주의가 탄생했으며, 현대까지도 논의가 계속 이어지고 있습니다. 하지만 우리가 잊지 말아야 할 것은, 벤담이야말로 공리주의의 시작이었다는 사실입니다.

■ 다수가 행복하면 소수의 희생은 어쩔 수 없다

벤담은 이 원리를 전보다 좋은 사회를 구축하는 데에 적용하고자 했습니다. **한 사람이라도 많은 사람이 행복해지는 동시에 각각의 행복을 최대화해야 한다**고 주장했습니다. 그렇게 되면, **사회 전체가 행복해졌다고 할 수 있으리라**고 생각했기 때문입니다.

이것이 바로 익히 알려진 '**최대 다수의 최대 행복**'입니다. 다만, 이렇게 되면, A 씨의 행복이 B의 행복보다 크며 한 명만 채택할 수 있는 경우, A 씨의 행복만이 채택되고 맙니다. 즉 B 씨는 희생되는 것이죠.

이렇듯 **소수자가 희생된다는 문제**가 있지만, **사회 전체를 위해서라면 어쩔 수 없다는 것이 공리주의의 특징**입니다. 이것은 약점이라고도 할 수 있지만, 이렇게 하지 않으면 사회는 성립하지 않는다고 생각합니다. 실제로 우리 사회의 인프라는 대부분 공리주의를 바탕으로 설계됩니다. 가령 교통사고를 당한 사람이 있어도 자동차 산업을 그만두라는 이야기가 나오지는 않는 것처럼요.

그만큼 현실적인 사상입니다. "공리적이야"라는 말을 듣는다면, 이익만 좇는 계산적인 사람이라는 뉘앙스를 포함하기도 하지만, 동시에 현실적이라는 본질을 놓쳐서는 안 됩니다.

쾌락 계산법

벤담은 쾌락의 '강도, 지속성, 확실성' 등 몇 가지 지표를 두고 개인의 쾌락을 수치화해 계산했는데, 쾌락 계산법에서 수치가 높게 나온 사람이 많은 사회일수록 행복한 사회로 보았다. 또, 자신의 수치가 높든 낮든 개인의 수는 1로 모두 평등하다고도 주장했다.

벤담 한 줄 정리

가장 많은 사람의 행복을 기준으로 하면 행복한 사회가 된다.

밀 John Stuart Mill

배부른 돼지보다
배고픈 소크라테스가 낫다

■ 쾌락의 질이 중요

돼지여도 배부르다면 좋은 거 아닌가?

마메

존 스튜어트 밀

살았던 시기: 1806~1873 **주 활동 지역:** 영국 **분류:** 공리주의 **주요 저서:** 《공리주의론》
영국의 철학자이자 경제학자. 공리주의적 태도를 보이지만, 쾌락의 양이 아니라 질을 중시한 질적 공리주의를 주창했다.

> 만두의 맛은 밀의 입맛도 사로잡았나 봅니다.
> 밀은 쾌락의 질을 구분해서 정신적인 쾌락이야말로
> 수준 높은 쾌락이라고 여겼습니다. 그래서 밀의 공리주의는
> '질적 공리주의'라고 불리지요. 이런 만두로 얻어지는 쾌락보다
> 책을 읽어 얻어지는 쾌락을 상위의 쾌락으로 봅니다.
> 하지만 역시나 허기졌을 때는 만두가 제일이지요!

오가와 선생님

 # '질적 공리주의', '위해 원칙', 쾌락은 모두 같은가?

■■■ 쾌락의 양이 많으면 좋은 것일까?

밀은 벤담의 제자라고 봐도 무방할 철학자입니다. 어려서부터 받은 엘리트 교육 중 하나가 공리주의였습니다. 그런 연유로 자연스럽게 벤담의 사상을 계승했지만, 밀이 도무지 이해할 수 없던 점은, 만두의 맛을 고려하지 않는 것, 아니, 벤담의 사상이 **쾌락의 질을 고려하지 않는 것**이었습니다.

벤담은 일단 쾌락의 양이 많으면 그만이라고 생각합니다. 기쁘다거나 기분 좋다고 느끼기만 한다면 뭐든지 쾌락으로 인정이 되는 것이지요. 이런 점이 밀에게 의문을 품게 했습니다. 시를 읽어서 얻는 쾌락과 게임을 하며 얻는 쾌락이 같을 리 없다고 말이죠. **정신적인 쾌락인 시를 읽는 쾌락이 상위**에 있다고 생각했습니다. 만두를 먹고 얻는 쾌락은 저급한 쾌락이고요. 왜냐하면 동물도 얻을 수 있는 쾌락이기 때문입니다.

그래서 '**배부른 돼지보다 배고픈 소크라테스가 낫다**'라는 명언을 남겼나 봅니다.

사실 이 명언은 일부 생략된 말이지만, 밀이 하고 싶었던 말은 충분히 전달되었으리라 생각합니다. **돼지처럼 뭐든 먹을 수만 있으면 만족하는 존재가 아니라, 배는 고파도 소크라테스처럼 정신적으로 고귀한 편이 낫다**는 의미입니다.

이 말은 은근히 스승의 공리주의를 돼지를 위한 학설이라고 비난하고 있습니다. 그리고 질에만 초점을 맞추면 애당초 양은 신경 안 써도 되는 문제처럼 보이게 됩니다. 이런 점을 들어 밀의 생각은 공리주의가 아니라고 지적하는 사람도 있습니다.

■ 국가의 간섭은 최소한으로 해야 한다

한편, 밀은 이 질적 공리주의 외에도 **위해 원칙**harm principle과 같은 사상으로도 유명합니다. **타인에게 손해를 끼치지 않는 한에서 우리는 자유롭다는 생각**입니다. 밀은 이 주장을 통해 국가의 간섭을 피하고자 했습니다. 그래서 **고전 자유주의의 주창자**로도 평가됩니다. 자신을 포함해 개성 있는 사람들이 국가에 의해 평범한 사람으로 전락하는 것을 우려했을지도요.

위해 원칙
밀은 위해 원칙에 따라 국가로 인한 정당한 간섭의 일반적 기준을 제시했다. 위해 원칙은 바꿔 말하면 자유 원칙이라고도 할 수 있다. 개인의 자유가 존중되며 누구나 개성을 발휘할 수 있는 사회, 그것이 밀의 이상 사회다.

밀 한 줄 정리

쾌락의 질이 높을수록 사람의 행복도가 높아진다.

루소 Jean-Jacques Rousseau

자연으로 돌아가라

■ 자연의 모습으로 돌아가라

마메

장자크 루소

살았던 시기: 1712~1778 **주 활동 지역:** 프랑스 **분류:** 프랑스 계몽사상 **주요 저서:** 《사회계약론》, 《인간 불평등 기원론》

프랑스의 사상가. 인간에게 공통된 '일반의지'에 기반한 사회계약을 제창했다. 루소의 저서 《사회계약론》은 프랑스혁명의 정신적 토대가 되었다.

'자연으로 돌아가라.' 이 말은 문명이 낳은 불평등을 향한 비판이기도 합니다. 우리는 자연 속에서는 원래 모두 평등하지 않았냐고요. 불평등의 무엇이 문제냐면, 자유를 뺏기기 때문입니다. 부자에게는 자유가 있지만, 가난한 이들에게는 선택지가 적습니다. 이것은 확실히 이상한 일이지요. 그래서 모두 자연 상태로 돌아가 자유를 되찾아 오자고 주장했습니다.

오가와 선생님

'자연 상태', 불평등은 언제 생겨나는가?

■ 문명을 벗어나 자유를 되찾자

문명은 점점 발달하는데 인간은 어째서 이렇게 괴로운 생활을 하는가? 이것이 루소가 품은 의문이었습니다. 그리고 **문명이 문제**라고 깨닫습니다.

문명이 우리에게 가져다준 것은 불평등한 생활이었습니다. 토지의 사유화를 예로 들어보겠습니다. 토지를 개인이 소유하게 하니 돈을 가진 사람이 토지를 독점하게 되었습니다. 그러자 부유해진 사람은 더욱 부유해지고, 가난한 사람은 더욱 가난해졌지요.

이런 까닭에 대다수 사람이 어쩔 수 없이 고통스러운 삶을 살게 된 것입니다. 이것은 자유를 빼앗긴 것과 같습니다. 그래서 **문명을 버려버리자**고 하죠. 다시 말해, **예전의 자연으로 돌아가자**는 말입니다.

극단적인 이야기처럼 들릴지 모르지만, 확실히 **자연 상태에 가까워지면 가까워질수록** 우리의 **마음은 풍요**로워집니다. 그렇게 자유를 되찾아 가는 것이죠. 게다가 루소는 이러한 자연 중시 사상을 교육론에도 적용했습니다. 《에밀》이라는 근대 교육의 시작이라고 불리는 소설 형식의 철학서를 보면 알 수 있습니다.

■ 루소의 사상이 프랑스혁명으로 이어지다

한편 태어날 때는 자유로웠던 인간이 살아가면서 어쩔 수 없이 자유를 잃게 되는 세상. 루소는 이러한 불합리한 사회를 바꾸려면 먼저 왕이 지배하고 사치에 빠진 사회 구조부터 어떻게든 손봐야 한다고 생각했습니다.

그렇게 써낸 책이 《**사회계약론**》이었습니다.

루소는 이 책을 통해 **모두의 의지를 바탕으로 모두가 직접 사회를 다스리자**고 주장했습니다. 심지어 대표들에 의한 다수결이 아니라 직접 의견을 교환해가면서 말이죠. 이러한 루소의 생각에 공감한 사람들이 루소가 죽은 후 프랑스혁명을 일으킵니다. 그리고 인민이 지배하는 정치를 시작합니다.

다만 프랑스혁명은 그 후 나아갈 방향을 못 잡은 채 방황하고, 역사는 몇 번의 전복을 겪습니다. 하지만 지금까지도 루소의 사상이 **민주주의의 기초가 되었다**는 사실에는 의심의 여지가 없습니다.

루소의 사회계약론

루소는 모든 사람에게 공통된 '일반의지'가 존재한다고 생각했다. 모두에게 공통된 최대 공약수 같은 의지라고도 할 수 있다. 그 일반의지를 끌어내는 데는 모두의 의견이 필요하므로 필연적으로 직접민주제가 요구된다.

루소 한 줄 정리

인간의 자유를 되찾기 위해서 자연으로 돌아가자.

칸트 Immanuel Kant

인간이 인식할 수 있는 것은 경험 가능한 세계에 한정된다

■ 경험에 앞서는 아프리오리

칸트는 상당히 규칙적인 생활로 유명했대.

마메

이마누엘 칸트

살았던 시기: 1724~1804 **주 활동 지역:** 독일 **분류:** 독일 관념론 **주요 저서:** 《순수이성비판》,《실천이성비판》

독일의 철학자. '물자체物自體, Das Ding an sich'라는 개념으로 대륙 합리론과 영국 경험론을 통합하고, 독일 관념론의 원류가 되었다.

> 요리법은 태어날 때부터 알고 있을 리가 없다는 생각이 들지만, 인간에게는 경험을 앞서는 능력이 있다는 것은 사실이죠. 예를 들어 칸트에 의하면 시간이나 공간의 개념은 어떤 척도로서 처음부터 지니고 있다고 할 수 있습니다. 이렇게 경험에 앞선 것을 '아프리오리(a priori)'라고 합니다. 아프리오리와 반대로 경험에 기인한 것은 '아포스테리오리(a posteriori)'라고 합니다.

오가와 선생님

'코페르니쿠스적 전환', '물자체', 어디까지 아는 것이 가능한가?

■ 발상의 역전, '코페르니쿠스적 전환'

칸트는 엄격한 성격으로 유명했는데요, 시계가 시간을 가리키듯 정확한 일상을 보내고, 진득하게 연구하는 **철학자, 그 자체**였습니다. 산책도, 식사도, 독서도 모두 정해진 시간에 했는데, 오죽하면 마을 사람들이 칸트가 산책하는 시간으로 시계를 맞췄다고 할 정도였다고 합니다.

이런 엄격한 성격을 닮아 칸트의 철학 또한 엄격했습니다. **인간은 어떻게 사물을 확인하며, 여기에는 어떤 한계가 있는지**를 엄밀하게 이론화했기 때문입니다.

가령, 우리는 개를 보고 '아, 개다'라고 생각하지만, 칸트의 말에 따르면 다릅니다. **오히려 개가 우리 눈에 맞춰 개가 되어준다는 것**이지요. 이 무슨 말도 안 되는 소리인가 싶겠지만, 잘 생각해보면 우리는 개를 알고 있습니다. 그래서 개를 보면 개라고 생각하게 되죠.

이는 **우리가 멋대로 '저것은 개야'라고 규정했을 뿐이지, 개가 스스로 '나는 개입니다'라고 주장하지 않는다**는 말이지요. 그 근거로 우리는 정체를 모르는 것은 확인할 수 없습니다. 귀신과 신이 그 대표적인 예입니다. 이 발상의 전환은 코페르니쿠스의 지동설에 비유되어 **'코페르니쿠스적 전환'**이라고 합니다.

■ 인간의 인식에는 한계가 있다

우리는 **자기 안에 이미 내재해 있는**, 사물을 인식하는 시스템인, **시간과 공간이라는 아프리오리** 같은 기준으로 관측할 때만 사물을 파악할 따름입니다. 그것 외의 것은 **물자체**라고 해서 **인간과는 연관이 없는 존재**입니다. 물자체가 **인간의 인식 능력의 한계**인 것이죠.

상당히 깐깐하지요. 그 외에도 칸트는 인간은 바람직한 일을 무조건 해야 한다는 엄격한 윤리를 제기하기도 하고, 영원한 평화를 실현하라고 목소리를 높이기도 했습니다.

같이 있으면 조금 피곤할 것 같은 사람이네요. 하지만 본인은 그런 인생에 만족한 듯합니다. 최후의 말이 "이걸로 됐다"였던 것을 보면요.

물자체
사람은 자신이 지닌 감각으로 사물을 인식한다. 가령 빨간 사과는 눈의 필터를 거쳐 그렇게 인식하는 것에 지나지 않는다. 과연 외계인이 보아도 그것이 빨간 사과일까? 즉, 사람은 이 '물자체'에 닿을 수 없다고 주장했다.

> **칸트 한 줄 정리**
> 인간이 사물을 인식하는 것이 아니라, 사물이 인간에게 맞춰 존재한다.

셸링 Friedrich Schelling

정신은 눈에 보이지 않는 자연이다

■ 천재적인 예술 작품을 만드는 법

마메

프리드리히 셸링

살았던 시기: 1775~1854 **주 활동 지역:** 독일 **분류:** 독일 관념론 **주요 저서:** 《자연철학의 이념》, 《예술철학》

독일의 철학자. 독일 관념론을 계승했다. 주체와 객체는 같은 절대자로부터 태어났다고 주장하며, 동일철학을 체계화했다.

도대체 무슨 소리냐고 생각하는 분들이 많을지도 모르겠네요. 여기에는 엄연한 논리가 있습니다. 셸링은 주관과 객관을 하나로 보는 '동일철학'을 논했는데, 일상에서는 이것은 불가능한 이야기입니다. 자신과 세계가 하나라니. 하지만 천재의 예술에서는 그것이 실현된다고 그는 주장했습니다. 그렇다고 사람 두 명을 하나로 만들자는 것은 아니지만……

오가와 선생님

'동일철학', '자연철학', 인간의 의식과 자연은 하나?

■ 주관과 객관을 동일하게 보다

셸링은 **세상을 자연이라고 파악했는데**, 아마 그가 품었던 '이 세계를 어떻게 인식해야 하는가?'라는 문제의식에 대한 답으로 보입니다. 셸링의 주장은 당연한 소리처럼 들릴지 모르겠지만, 이 자연에는 우리 인간의 의식도 포함됩니다.

다시 보니 당연하지 않은 것 같기도 하네요. 인간을 자연의 일부라고 한다면 수긍이 가지만, **개개인의 의식까지 자연**이라 하는 것은 잘 이해가 가지 않습니다.

하지만 모든 것에 신이 깃들어 있다는 범신론과 같은 사상을 떠올려보면 조금은 이해가 갈지도 모르겠네요. 즉, **자연에도 정신과 같은 것이 있다는 뜻**입니다. 그렇다면 모든 것은 자연 속에 있는 정신이라고도 할 수 있겠네요.

이처럼 셸링은 **인간 개개인의 의식(주관)과 이 세계의 정신 같은 것(객관)을 같은 차원에 두었습니다**. 다시 말해, **주관과 객관을 동일한 것으로 파악**한 것이지요. 이것이 **동일철학**입니다. 또는, 셸링의 철학은 모든 것을 자연이라고 볼 수도 있으므로 **자연철학**이라고도 합니다.

■ 천재적인 예술이라면 의식과 자연이 하나가 될 수 있다

지금까지 셸링 철학의 논리를 살펴보았는데, 이제 자신의 의식과 자연이 일체화하는 것이 실제로 가능한 일인지 알아볼까요? 셸링이 이에 대해 든 예가 바로 **천재적인 예술**입니다.

　천재적인 예술이란 인간의 의식적인 활동과 자연의 무의식적인 활동이 하나가 되며 생겨나는 예술을 일컫습니다. 확실히 천재란 자연의 힘이 작용한, 인간의 영역을 넘어선 것일지도 모르겠네요.

　셸링의 이 예술관은 독일 낭만주의에 영향을 미칩니다.

　여담이지만, 셸링 자신도 조숙한 천재라고 불렸던 철학자였습니다. 당시 독일에서 24세의 나이로 최연소 철학 교수가 되어, 어려서부터 재능을 발휘했으니까요. 역시 천재는 천재가 무엇인지 아는가 봅니다.

주관과 객관

칸트의 인식론에서는 '물자체'(객관의 세계)는 인식할 수 없다고 보았다. 독일 관념론은 이 주관과 객관을 문제 삼았는데, 셸링은 그 해답으로 동일철학을 내세웠다. 헤겔(→94쪽)은 변증법으로 이 문제를 해결하고자 했다.

셸링 한 줄 정리

인간의 의식과 자연의 무의식이 통일된 예가 천재적 예술이다.

헤겔 Georg Wilhelm Friedrich Hegel

문제가 생겼을 때, 그것을 극복하면 한 단계 더 위의 수준에 도달할 수 있다

■ 변증법으로 문제 해결

셸링과 친했는데, 결국은 절교했다고.

마메

게오르크 빌헬름 프리드리히 헤겔

살았던 시기: 1770~1831 **주 활동 지역:** 독일 **분류:** 독일 관념론 **주요 저서:** 《정신현상학》, 《법철학》

독일의 철학자. 독일 관념론의 완성자다. 당시까지의 철학을 체계화해 근대 철학의 정점이라고 불린다. 변증법 개념으로 유명하다.

점장 해임?! 점원들에 의한 변증법의 결과라 어쩔 도리가 없겠네요. 아니, 진짜 변증법은 문제를 잘라내 버리지 않는다는 것이 장점이죠. 어떤 일에서도 문제는 생기기 마련인데, 사실 가장 손쉬운 해결 방법이 문제를 없애버리는 것입니다. 하지만 이 방법은 궁극적인 해결법이 될 순 없습니다. 헤겔은 오히려 문제를 파고들어 한층 발전적인 상태에 이르는 것을 목표로 변증법을 제시했습니다.

오가와 선생님

'변증법', 문제를 어떻게 해결할 것인가?

■ 모든 것을 발전시키는 변증법

헤겔은 우는 아이의 눈물도 그치게 한다는 **근대 철학의 왕**입니다. 이 표현은 과장일 수도 있지만, 적어도 **독일 관념론의 완성자**라든지 **철학 체계를 완성한 인물**이라는 평가가 아깝지 않은 인물이지요.

여기에는 두 가지 이유가 있는데, 첫째는 헤겔 자신이 그렇게 말했기 때문입니다. 물론 이 부분은 당시 큰 영향력을 행사하던 헤겔이 스스로 그렇게 이야기했다는 점에서 지금의 시각으로 보자면 할 말이 많지만요.

다만, 또 다른 이유인 헤겔의 철학 이론의 근간은 의심의 여지가 없습니다. 그것이 바로 **변증법**이기 때문이죠. **변증법이란 모든 문제를 아우르며 발전시켜 가는 논리**입니다. 변증법을 활용하면 **이론상으로는 모든 문제를 해결하고, 나아가 궁극적인 발전이 가능**합니다.

실제로 헤겔은 변증법을 구사해 다양한 분야에서 그 발전 과정을 논했습니다. 인간의 의식은 신 정도의 절대정신, 혹은 절대지_{絶對知}까지 발전하고, 공동체는 가족에서 시민사회를 거쳐 국가로 발전하고, 세계사도 아시아 세계에서 게르만 세계로 발전한다고 말이죠.

■ 철학계의 정점에 섰지만……

덧붙이자면, 헤겔은 연구자로서의 시작은 늦었지만, 스스로 변증법적으로 인생의 문제를 해결해 최후에는 학문 행정의 정상이라 할 수 있는 베를린 대학의 총장 자리에까지 올랐습니다. 이처럼 헤겔은 학문 분야에서도 **당시 철학계의 정점에 자리**했는데, 헤겔이 죽고 나서는 살아 있을 때와는 반대로 헤겔 때리기가 시작되었습니다. 하지만 이것 또한 헤겔이 기준이 되었다는 방증으로 보이지 않나요?

만화에서는 점장이 문제니까 없애버리자는 결론이 났지만, 변증법적으로는 옳지 않은 결론입니다. 어디까지나 만화적 유머로 보시기를.

그렇지만 만약 정말로 점장이 문제였다면 변증법적으로는 어떻게 해결했을까요? 문제인 점장을 내쫓는 것이 아니라, 오히려 '사고뭉치 점장이 마구 휘젓고 다니는 식당' 같은 느낌의 마케팅을 내걸었을지도요?!

변증법

첫 주장을 테제(정), 이에 반대되는 주장을 안티테제(반), 두 주장의 모순이나 문제를 극복한 해결법을 진테제(합)라 한다. '정 → 반 → 합', '테제 → 안티테제 → 진테제' 등으로 표현된다. 아우프헤벤(지양)한다고도 한다.

헤겔 한 줄 정리

변증법을 활용하면 인간의 앎은 신의 앎까지 승화된다.

쇼펜하우어 Arthur Schopenhauer

인간의 욕망은 끝이 없어서 인생은 고통으로 가득해진다

■ 욕망에 찬 사람들의 싸움

마메

아르투어 쇼펜하우어

살았던 시기: 1788~1860 **주 활동 지역:** 독일 **분류:** 생철학 **주요 저서:** 《의지와 표상으로서의 세계》
독일의 철학자. 의지를 부정했으며, 페시미즘(비관주의) 철학자로 불렸다. 불교 등 동양사상에도 관심을 가졌다.

사람은 대체 왜 싸우는 것일까요? 역시 욕망이 있기 때문일 것입니다. 이것은 타인과의 관계에서도 그렇고, 자기 마음속에서도 마찬가지입니다. 인간이 지닌 이런 욕망을 쇼펜하우어는 예술, 특히 음악으로 다스릴 수 있다고 생각했습니다. 다만, 지속적이지 않기 때문에, 결국은 의지의 부정을 주장했습니다.

오가와 선생님

'의지의 부정', 고뇌에서 해방되기 위해서는?

■ 헤겔에게 도전하다!

쇼펜하우어는 젊은 시절 괴테에게 재능을 인정받아, 자신만만하게 철학계에 데뷔했습니다. 그래서 패기 넘치게 당시 지知의 거인인 헤겔에게 싸움을 걸었고, 그렇게 헤겔과 같은 대학에서 같은 시간대 수업을 개설합니다.

의기양양했던 쇼펜하우어. 그러나 헤겔의 수업은 천 명이 넘는 학생이 수강하는 반면에 자신의 수업은 고작 여덟 명이 수강하는 현실을 마주하게 됩니다. 그리고 쇼펜하우어는 기세가 한풀 꺾여 대학을 떠났습니다. 그래서일까요. 쇼펜하우어는 **비관주의 철학자**라고 불립니다.

■ 욕망을 잊으려면

비관주의란 **안 된다면 포기하는 것이 제일이라고 생각하는 철학**입니다. 물론 갑자기 그만두지는 않습니다. 처음에는 **예술에 몰두할 것**을 제안합니다. 예술에 몰입하면 욕망을 잊을 수 있으니까요. 하지만 예술의 효과는 잠깐일 뿐입니다.

쇼펜하우어도 그렇게 생각했는지, 다음으로 **도덕으로 욕망을 다스리고자** 했습니다. 그러나 이것도 또 한계가 있었습니다. 인간은 그렇게 강하지 못해서 유혹에 지고 만다는 것이었죠.

이렇게 되자 **마지막에는 의지 자체를 부정할 수밖에 없었습니다**. '강제 종료'당한 셈이죠. 이것은 생각한다고 되는 문제가 아니라고 판단한 것입니다. 생각해내면 유혹에 지고 마니까요.

이는 사실 불교의 사상과 비슷합니다. 쇼펜하우어는 불교를 공부했기 때문에 불교에서 힌트를 얻었을 것입니다.

쇼펜하우어는 행복에 대해서도 논했는데, 그의 행복론은 **그만둠으로써 실현되는 것**이라고 할 수 있습니다. 예를 들어, **바닷물은 마시면 마실수록 목이 더 마른다**는 말은 쇼펜하우어의 행복론에 아주 딱 맞는 비유이지요.

돈도 벌면 벌수록 더 원하게 되고, 그 욕심에는 끝이 없는 법이니까요. 그렇게 되면, **돈을 버는 것 때문에 불행해진다**는 역설적인 상황이 발생합니다. 그러므로 **의지를 부정하는 것이 행복해지는 방법**이지요.

쇼펜하우어의 의지

쇼펜하우어가 말하는 의지란 이성적인 의지가 아니라 오히려 이성과는 무관한 신체 활동으로 드러나는 '생生을 향한 의지'를 의미합니다. 세포가 약한 세포를 밀어내며 살아가듯이, 세계는 '살고 싶다'라는 생을 향한 의지로 이루어져 있다고 보았습니다.

쇼펜하우어 한 줄 정리

고뇌에서 해방되려면 의지를 포기해야 한다.

니체 Friedrich Nietzsche

신은 죽었다

■ 신은 죽었다!

니체는 말년에 정신 질환을 앓았다고…….

마메

프리드리히 니체

살았던 시기: 1844~1900 **주 활동 지역**: 독일 **분류**: 실존철학 **주요 저서**: 《도덕의 계보》, 《차라투스트라는 이렇게 말했다》

독일의 철학자. 기독교를 노예 도덕이라 부르며 기독교로 인해 니힐리즘 nihilism(허무주의)이 생겨났다고 비판했다. 괴로움을 받아들이는 초인사상을 주장했다.

> 신이라는 존재는 설령 눈에 보이지 않더라도 자신이 스스로 그 존재를 믿는다면 위안이 됩니다. 신은 의지할 수 있는 큰 존재이니까요. 하지만 니체는 그래서는 안 된다고 말합니다. 모두 신에게 지나치게 의지하고 있다고요. 적어도 니체가 살았던 19세기 서양 사회는 그랬습니다. 그래서 '신은 죽었다'라고 말한 것입니다. 죽은 것을 본 적도 없는데 어떻게 알 수 있냐고 묻고 싶긴 하지만……

오가와 선생님

'초인', 강하게 살아가려면?

■ 신에게 기대지 말고 주체적으로 살자

니체는 세계적으로 가장 유명하고 인기 있는 철학자 중 하나일 겁니다. 허를 찌르는 독창적인 시각과 힘이 넘치는 사상이 그 이유일 테지요.

만화에서도 나왔지만 '**신은 죽었다**'라는 발상은 정말 허를 찌르는 발상이지 않나요? **신이 죽는다는 것은 누구도 생각지 못했기** 때문이죠. 게다가 이 말은 당시 **기독교에 지나치게 의지한 채 주체성 없이 살아가는 사람들에 향한 경고**이기도 했던 까닭입니다.

그렇게 니체는 **강하게 살아가기 위해 초인**Übermensch **사상을 주장**했습니다. 이 초인이라는 말도 그렇고, 신 없이 굳세게 살아가라는 메시지 역시 우리를 고무시킵니다. 왜인지 용기가 솟아나고, 나 혼자서도 헤쳐 나갈 수 있을 것 같은 기분이 듭니다.

그렇다면 니체는 이렇게 살기 위해서는 어떻게 하면 된다고 했을까요? 사실 이 세계는 괴로움으로 가득 차 있습니다. 그래서 모두 신에게 기대게 되기 마련이지만, 이 **괴로움으로부터 눈 돌리지 않고 오히려 받아들이면 된다**고 했습니다.

영원회귀를 이겨내자

이것이 니체의 **영원회귀**永遠回歸, Ewige Wieder-Kunft에 대한 올바른 대처법입니다. **영원회귀란 똑같은 괴로움이 영원히 반복되는 상황**을 뜻합니다. 거기서 벗어나려면 그 상황을 받아들이고, 몇 번이고 다시 일어서는 기개를 지녀야 합니다. '좋아, 한 번 더!'라면서요.

이런 강한 '초인'으로 다시 태어나려면 애초에 자신의 축을 확실히 가지고 있어야 합니다. 그래서 니체는 **자신만의 도덕 기준을 가지라**고 호소합니다. **세상의 기준에 맞출 필요가 없다**고 말이죠.

세상의 기준에 맞추려다 보면, 자신이 잘 안 되는 것은 세상이 나쁜 탓이라고 변명하게 됩니다. 이것이 이른바 **르상티망**ressentiment(원한)입니다. 지기 싫어 오기를 부리는 것과 비슷합니다. 니체는 **지기 싫다고 억지를 쓰고 싶지는 않으니 처음부터 자신의 기준대로 살아가면 된다**고 말합니다. 아마 우리는 도저히 이렇게 살 수 없어서 니체의 말을 동경하는지도 모르겠네요.

르상티망

약자가 '강자는 나쁘다'라며 자신을 합리화하는 심리를 말한다. '악인은 천국에 갈 수 없다', '나는 가난하고 괴롭지만 착하므로 천국에 갈 수 있다'와 같은 생각이 그 예이다. 기독교는 르상티망을 '도덕'이라는 말로 바꾸어 폭발적으로 번져갔다고 니체는 생각했다.

니체 한 줄 정리

누구에게도 기대지 않고 초인이 되어 강하게 살아가자.

마르크스 Karl Marx

혁명을 일으켜 사회주의를 실현하는 것은 역사의 필연

■ 모두가 사장이 되어

마르크스는 상당히 낭비가 심했던 모양이야.

마메

카를 마르크스

살았던 시기: 1818~1883 **주 활동 지역:** 독일 **분류:** 정치철학 **주요 저서:** 《자본론》

독일의 경제학자이자 철학자. 마르크스주의를 확립했다. 친구인 앵겔스와 함께 쓴 《자본론》을 통해 사회주의에 논리적인 설명을 더했다.

마르크스는 노동자가 열심히 일해도 그들이 풍요롭게 살 수 없는 현실을 타개하고자 했습니다. 노동자가 아무리 가혹한 노동을 해도 돈은 모두 사장의 주머니로 들어갑니다. 불합리한 상황이죠. 그럼, 어떻게 하면 좋을까요? 기본적으로 평등을 실현해야 하는데, 이게 그렇게 간단한 일이 아닙니다. 과연 노동자들에게도 행복이 찾아올까요?

오가와 선생님

'사회주의', 평등한 사회를 만들려면?

■ 세상을 바꾼 사회주의 사상

마르크스는 **세상을 바꾼 철학자**라 불릴 만한 인물입니다. 어쨌든 한때는 **마르크스가 주장하는 사회주의 사상을 추종하며 전 세계의 반이 사회주의 국가가 되었기** 때문입니다! 그 결과, 20세기 후반에는 자본주의 대 사회주의 냉전이 벌어졌지요.

사회주의는 그만큼 설득력 있는 사상이었습니다. 누가 봐도 노동자 핍박은 분명 부조리한 일이지요. 열심히 일해도 넉넉해지지 않는 삶이라니. 문제는 바로 잉여 이익이 사장의 주머니로 들어간다는 데에 있었습니다.

예를 들어, 사장이 공장의 소유자라면, 노동자의 노동 정도와는 상관없이 월급을 정할 권한은 사장에게 있다는 뜻입니다. 그래서 마르크스는 **공장과 같은 '생산수단'을 모두의 소유로 해야 한다고 주장**했습니다. 그렇게 하면, 남은 이익을 모두에게 분배할 수 있으니까요.

무엇보다 공장이 모두의 것이 되면, 일하는 방식에 대해서 다들 더욱 적극적으로 고민하게 되겠지요. 기계의 톱니바퀴처럼 일만 해서는, 마치 자신도 기계 일부가 된 듯한 기분이 들 뿐입니다. 그러면 노동이 즐겁지 않고, 인간성도 잃게 되겠지요. 마르크스는 이것을 **소외**라는 단어로 표현했습니다.

■ 불사조 같은 마르크스

많은 나라가 사회주의 국가를 지향했지만, 결과적으로는 모두 실패로 끝났습니다. 평등하게 분배하자면 계획이 중요한데, 경제라는 것이 생각한 대로 흘러가지는 않았기 때문이죠. 수지를 맞추기 위해 부정부패가 일어나기도 했습니다.

하지만 그렇다고 해서 마르크스가 '퇴물'이 된 것은 아닙니다. 최근 마르크스 연구에 의하면, 마르크스는 오로지 **평등을 주장했을 뿐만 아니라 환경 보호에도 주의를 기울였다**고 합니다. 확실히 불필요한 물건을 만들지 않는다면, 환경 부하도 줄어들겠네요. 그래서 '**지속가능한 개발 목표 SDGs**'에 대한 요구가 커지는 가운데, **마르크스 붐이 일었던 것**입니다. 마르크스의 사상은 자본주의가 위기를 맞닥뜨릴 때마다 불사조처럼 되살아나는 것 같네요.

《자본론》

마르크스의 주요 저서로 사회주의에 과학적인 논거를 제시한 경제학서다. 제1권은 1867년에 출간되었다. 제2권과 제3권은 마르크스가 죽은 후, 친구인 프리드리히 엥겔스가 마르크스의 유고를 정리해 간행했다. 그 후속작도 《잉여가치 학설사》로 간행되었다.

마르크스 한 줄 정리

노동자가 혁명을 일으키면 역사는 필연적으로 사회주의로 옮겨 간다.

> 칼럼 3

의식과 자유에 눈을 돌린 근대 철학

■ 철학이 활짝 꽃핀 근대

근세와 근대의 경계를 명확하게 구분하기는 어렵지만, 이 책에서는 근대의 비교적 초기 단계를 근세라고 규정했습니다. 따라서 근대는 18세기부터 19세기에 이르는 철학자의 시대라고 생각해주시면 됩니다.

근세 시기에 이르러 종교의 그늘에서 벗어난 철학은 비로소 한숨 돌릴 수 있게 되었고, 근대 시기에는 그 꽃을 활짝 피웁니다. 철학이 가장 빛났던 시대라고 해도 과언이 아니죠. 영국의 벤담이나 밀과 같은 공리주의자, 프랑스의 루소와 같은 계몽사상가, 그리고 칸트를 필두로 피히테, 셸링, 헤겔로 이어지는 독일 관념론 철학자들까지.

이들은 모두 근대 시기를 사상이라는 측면에서 쌓아 올린 주역이었습니다. 근대란 개인의 의식과 자유가 발전하고, 그 개인이 모여 국가를 크고 강성하게 했던 시대입니다.

■ 찬란했던 근대 철학에도 어둠이

그 정점이 앞서 언급했던 헤겔이었습니다. 그래서 그 이후의 철학자들은 근대가 끝날 때쯤이 되면 헤겔을 공격하기 시작합니다. 쇼펜하우어나 니체, 그리고 마르크스가 그러했습니다. 그들은 각자의 논리로 헤겔을 공격하고, 근대 그 자체를 비판했습니다.

그래서 그들의 철학이 세상을 부정적으로 보는 사상으로 비치는지도 모르겠네요. 하지만 근대 사회에 어둠이 있었다는 것은 틀림없는 사실이었습니다. 산업혁명의 이면에는 빈곤이 만연하고, 국가가 커지며 전쟁이 일어나는 것처럼요. 그렇게 좋든 싫든 시대는 현대에 접어들게 됩니다.

19세기 영국의 제철소. 산업혁명으로 공업화된 영국은 '세계의 공장'이 되었다.

제 4 장

현대 철학 〈Part 1〉

격동에 휩쓸린 세계를 고민한 시대

철학자	연도
베르그송 (순수지속)	1859~1941
하이데거 (존재)	1889~1976
사르트르 (실존주의)	1905~1980
메를로퐁티 (신체론)	1908~1961
레비나스 (타자)	1906~1995
비트겐슈타인 (언어게임)	1889~1951

언어란 무엇인가?

베르그송 Henri-Louis Bergson

시간은 인간의 깊은 내면에서 만들어지며 직관되는 것이다

■ 시간이라는 개념

일찍 일어나려 했는데 대낮에 눈뜬 적은 있지.

마메

앙리 루이 베르그송

살았던 시기: 1859~1941 **주 활동 지역:** 프랑스 **분류:** 생의 철학 **주요 저서:** 《시간과 자유의지》, 《창조적 진화》

프랑스의 철학자. 새로운 시간론과 진화론을 개척하고, 생명에 대해 다양한 의견을 개진했다. 생의 철학자로도 불린다.

시간이란 항상 일정하다고 생각하고 있지 않나요?
하지만 사실 그렇지 않습니다. 1시간 정도 지났는데 30분쯤
지났다고 느낄 때가 있잖아요. 물론 그 반대의 경우도 있고요.
결국 시간이란 의식 속에서 흐르는 것입니다.
이 점을 이론으로 제기한 사람이 바로 베르그송입니다.
시간은 시계처럼 단순하게 나눌 수 없다고 말이죠.

오가와 선생님

'생의 도약', '순수 지속', 진화란? 시간이란 무엇인가?

■ 생명의 진화는 예측할 수 없다

베르그송은 **대표적인 생生의 철학자**로 자주 언급되는 인물입니다. 왜냐하면, 산다는 것에 대해 이전까지와는 전혀 다른 형태의 견해를 제기했기 때문입니다. 베르그송이 말한 **에랑 비탈**élan vita이라는 단어를 살펴볼까요? 에랑 비탈은 **생의 도약**이라고 번역할 수 있는데, 말하자면 **새로운 진화론**입니다.

보통 우리는 생명은 단계를 거쳐 진화한다고 알고 있죠. 이런 통념과는 달리, 베르그송은 **생명이 어느 시점에 갑자기 마치 도약하듯이 진화한다**고 주장했습니다. 그것은 전혀 근거 없는 주장이 아닙니다. 확실히 어떤 생물은 제각각 진화해왔음에도 불구하고 비슷한 구조를 가질 때가 있기 때문입니다.

연체동물과 척추동물이 모두 눈을 가지고 있는 것이 한 가지 예입니다. 이 사례는 제각각 필요에 따라 돌연 진화했다는 증거입니다. 연체동물과 척추동물 모두 무언가를 볼 필요가 있었을 것입니다. 여기서 베르그송이 말하고자 한 바는 **생명은 기계와 다르게 예측 불가능한, 특별한 존재**라는 것입니다.

■ 시간은 눈금으로 나눌 수 없다

베르그송의 시간 개념도 이러한 생명의 특수성으로부터 시작합니다. 생명은 시간을 느낄 수 있는 존재입니다. 하지만 **그 생명이 느끼는 시간은 의식 속에서 흐르고 있습니다**. 그러므로 시계처럼 눈금으로 나눌 수 없습니다. 오히려 멜로디와 같은 존재라고 합니다. 음이 서로 점차 어우러지는 듯한 감각입니다.

그곳에는 과거도, 미래도, 현재도 없습니다. **그저 시간이 지속되고 있을 뿐**입니다. 그래서 베르그송은 **시간을 '순수 지속'**이라고 불렀습니다. 모두 지금 여기에 일어난 것에 지나지 않는 것이죠. 과거의 사건이든 미래의 사건이든 그것들은 전부 지금 떠오르는 것이니까요. 결국은 모든 것이 지금 일어나고 있다는 의미입니다.

그리고 지금 일어나고 있다고 해도 **지금이라는 순간에 그것은 지나가 버리기 때문에 기억에 남게 됩니다**. 즉, 미래도 포함해 전부 기억에 지나지 않다는 말입니다. 이것이 베르그송의 시간론입니다.

생의 철학
19세기 말부터 20세기 초에 걸쳐 유럽에서 나타난 철학의 총칭이다. 합리주의나 실증주의에 반대하며 살아 있는 생과 체험으로서의 생을 직접적으로 다뤘다. 베르그송, 쇼펜하우어, 니체 등이 대표적이다.

베르그송 한 줄 정리

시간은 자기 마음속에 있어 나눌 수가 없다.

하이데거 Martin Heidegger

자신의 죽음을 진지하게 마주할 때, 본래의 생에 눈뜬다

■ 대충 살지 마라

아렌트(→142쪽)의 스승이었다고······.

마메

마르틴 하이데거

살았던 시기: 1889~1976　**주 활동 지역:** 독일　**분류:** 실존철학　**주요 저서:** 《존재와 시간》
독일의 철학자. 존재의 의미를 탐구했다. 실존철학자로 분류되는데, 하이데거 자신은 인정하지 않았다.

시간을 헛되이 보내는 것은 인간의 본능이 아닐까요? 하지만 누구든 열심히 해야 할 때가 있습니다. 가령 여름 방학 숙제 같은 것 말이죠. 다들 방학 마지막 날에 필사적으로 숙제를 끝마치지 않았나요? 왜냐하면 더는 시간이 없다고 생각하기 때문입니다. 하이데거는 인생도 이와 마찬가지라고 주장했습니다. 인생의 기한, 즉 죽음을 의식하면 본래적인 삶을 살 수 있다고 생각했습니다.

오가와 선생님

'세계-내-존재', '선구적 결단', 인간의 본래적 삶이란?

■ 죽음을 의식하고 마주하기

하이데거는 **죽음의 철학자**라고도 불리는데, 하이데거가 저승사자라거나 죽음을 몰고 오는 철학자라서가 아닙니다. **죽음을 긍정적으로 본 철학자라는 의미**입니다.

보통 죽음은 피하고 싶은 것, 외면하고 싶은 것입니다. 하지만 인간인 이상 그럴 수가 없죠.

언젠가 죽는다는 사실에서 눈 돌리고 있기 때문에, 우리는 인생을 적당히 살고 맙니다. 이런 인간을 하이데거는 **다스 만**das Man(세인)이라 했습니다. 보통 사람이라는 뜻입니다. 우리는 다양한 일에 둘러싸여 살아갑니다. 하이데거의 언어로 말하자면, 우리는 세계와 관계를 맺으며 살아가는 **세계-내-존재**In-der-Welt-sein입니다.

이런 세계에 그저 파묻혀 버려서는 안 됩니다. 더 적극적으로, 열심히 살아야 합니다. 그래서 하이데거는 죽음을 의식하고 목숨 걸고 살자고 목소리를 높입니다. 이렇게 사는 사람을 **다 자인**Dasein이라고 합니다. **현존재**라고 번역되며, **본래적 삶에 눈뜬 사람**을 가리킵니다.

하이데거는 이렇게 **자기 삶을 이미 의식하며 받아들이고, 죽음을 각오하며 살 의지를 세우는 것이 살아가는 데서 중요**하다고 생각했습니다. 그리고 이를 **선구적 결단**이라고 불렀습니다.

■ 존재한다는 것은 무엇인가?

하이데거는 원래 **존재의 의미**를 고찰했었습니다. '**무언가 있다**'가 아니라 **애당초 '있다'란 무엇인가**를 고민했습니다. 이것은 고대 그리스 이후에 제대로 질문되지 않았던 문제이기도 했습니다. 정말 어려운 질문이지만, 인간이라는 존재에 적용해보면 단서가 보이지 않을까요? 인간은 생애라는 시간 속에 살고 있으니까요.

하이데거가 주요 저서인 《존재와 시간》에서 죽음을 향해 열심히 살아가는 인간의 모습을 그려낸 데에는 이러한 배경이 있다고 생각합니다. 여러분은 필사적으로 살아가고 있나요?

현존재
사람은 이 세계에 존재하는 것(존재자)이지만, 존재자이면서 자신이 이 세상에 존재한다는 개념을 지닌 특별한 존재다. 동물도 존재자이지만, 스스로 존재한다는 개념을 가지진 않는다. 이러한 인간의 존재를 하이데거는 '현존재'라고 한다.

> **하이데거 한 줄 정리**
> 일상생활에 매몰되지 말고
> 인생을 필사적으로 살자.

사르트르 Jean-Paul Sartre

인간은 자유라는 형벌에 처해 있다

■ 운명

자유란 사실 힘든 건가?

마메

장폴 사르트르

살았던 시기: 1905~1980 **주 활동 지역:** 프랑스 **분류:** 실존주의 **주요 저서:** 《존재와 무》, 《구토》
프랑스의 철학자. 작가, 극작가, 사회운동가로도 활약했던 20세기 지식인 스타. 실존주의 붐을 일으켰다.

물건도 이런 생각을 할 수 있겠네요.
'인간은 좋겠네, 고민할 수 있다니'라고. 그렇습니다.
고민이 있다는 것은 행복한 일이지요. 선택지가 있다는 말이니까요.
이렇듯 인생을 선택하며 살아가는 것이 인간의 특징이랍니다.
물건이 태어날 때부터 죽을 때까지 같은 모습인 것에 반해서요.
역할도 바뀌지 않지요. 어떤가요?
고민할 수 있다는 사실이 행복하게 느껴지지 않나요?

오가와 선생님

'실존주의', 운명은 바꿀 수 있는가?

■ 인간은 무엇이든 될 수 있다

무엇이든 될 수 있다는 말을 듣는다면, '말도 안 되는 소리'라고 딴지를 걸고 싶어지지 않나요? 그런데 이론적으로는 정말로 무엇이든 될 수 있습니다. 사르트르는 이렇게 말했습니다. **인간은 스스로 만들어가기 나름**이라고 말이지요.

물건은 일단 만들어지면 평생 그 물건으로 고정됩니다. 운명은 바꿀 수가 없죠. 아무리 노력해도요. 하지만 **인간은 노력하면 운명이 바뀝니다**. 이를 사르트르는 '**실존은 본질에 앞선다**'라고 표현했습니다.

이것이 바로 **실존주의를 상징하는 표어**입니다. 실제로 사르트르는 스스로 실존주의를 실천하며, 언행일치를 보여줍니다. 예를 들어, 이 세상을 바꾸기 위해 시위하고, 무엇보다 결혼의 형태도 자기 좋을 대로 바꿉니다.

■ 남녀를 불문하고 사랑받았던 사르트르

사르트르는 '결혼의 의미' 자체를 바꾸었습니다. 연인인 보부아르와 '결혼'했지만, 이 결혼은 '계약 결혼'이라며 서로 몇 명이 됐든 연인을 두어도 된다고 합의했습니다. 그렇게 사르트르는 다른 여성들과 염문을 뿌리고 다녔습니다. 그런데도 둘은 이러니저러니 해도 평생의 반려로 함께했습니다.

둘의 결혼이 진짜 결혼이 맞는지 의구심이 들지도 모르겠네요. 다만 **자신이 동의하는 제도가 없다면, 스스로 만들어버리자는 것이 실존주의**입니다. 어찌 보면 매우 자기 멋대로 행동하는 것처럼 보일 수도 있겠지만, 다들 마음 깊은 곳에서는 그런 삶에 대한 동경이 있지 않나요?

그래서인지 사르트르는 남녀 불문하고 인기가 많았고, 사람들로부터 존경받았다고 합니다. 사르트르의 장례식에는 무려 5만 명의 인파가 몰릴 정도였습니다. 이런 인기는 단순히 사르트르가 20세기 지식인 스타였기 때문만은 아닙니다. 스스로 인생을 개척하기가 그리 녹록한 일은 아니라는 사실을 모두가 아는 까닭이었을 것입니다.

사르트르의 인기는 그런 사르트르를 향한 존경의 발현이라고 보아야 합니다.

실존은 본질에 앞선다

페이퍼 나이프는 종이를 자르는 용도와 역할(본질)이 먼저 있어서 이 세상에 존재(실존)한다. 이것은 본질이 실존에 앞선다는 뜻이다. 하지만 인간은 반대이다. 운명은 바꿀 수 있다(실존은 본질에 앞선다)고 사르트르는 설명했다.

> **사르트르 한 줄 정리**
>
> 인간은 처음에는 아무것도 아닌 존재이지만, 나중에는 자신이 만든 인간이 된다.

메를로퐁티 Maurice Merleau-Ponty
나의 몸과 세계는 같은 살로 만들어져 있다

■ 연결

사르트르와 함께 잡지를 발행하기도 했지만, 결국은 결별······.

마메

모리스 메를로퐁티

살았던 시기: 1908~1961 **주 활동 지역**: 프랑스 **분류**: 현상학 **주요 저서**: 《지각의 현상학》

프랑스의 사상가. 역사상 최초로 신체를 본격적인 철학의 주제로 삼았다.
현상학에 영향을 받아 신체나 지각을 독자적인 시점에서 고찰했다.

코로나 이후 다른 사람의 손을 만지는 것을 꺼리게 됐지요. 그렇지만 사람의 손을 통해 전해지는 것이 있기 마련입니다. 손을 잡는다든가 악수를 하는 데에는 그런 의미가 있는 것이 아닐까요? 메를로퐁티는 신체는 이렇듯 외부의 정보를 얻기 위한 입구로, 외부 세계와 자기의식의 매개라고 보았습니다.

오가와 선생님

몸은 세계의 '살', 몸과 세계의 관계는?

■ 중요한 것은 마음이 아니라 몸

여러분은 몸을 소중히 하고 있나요? 이 질문은 건강에 대한 물음이 아니라 몸을 중시하느냐는 물음입니다. 우리는 무심코 **몸은 도구처럼 여기고, 마음이야말로 곧 자신이라고 생각**하는 경향이 있습니다. 철학의 세계에서도 줄곧 그런 사고가 이어졌는데, 메를로퐁티는 이러한 통념을 뒤집었습니다.

메를로퐁티는 **몸이야말로 세계의 여러 정보를 파악하고, 마음에 이를 가르친다**고 했습니다. 주장을 들어보니 확실히 우리는 춥다든지, 아프다든지, 우선 몸이 느낀 정보를 바탕으로 판단하고 있네요.

그러므로 **사실은 마음이 먼저가 아니라 몸이 먼저라는 것**입니다. 마음이 몸을 완전히 통제한다는 생각은 크나큰 착각이죠. 과연 여러분은 자기 몸에 대해 얼마만큼 알고 있나요? 몸은 의외로 남 같은 면이 있습니다. 거짓말 같다면, 왼손으로 오른손을 만져보세요. 분명 자기 왼손인데 마치 누군가에게 만져지는 느낌이 들지 않나요?

우리는 몸 없이는 아무것도 생각할 수가 없습니다. 그래서 메를로퐁티는 **소통은 마음과 마음이 아니라 몸과 몸 사이에서 먼저 이루어지는지도 모른다**고 말했습니다. 얼마나 깊은 소통을 하는지와는 별개로 적어도 몸이 마음대로 거리감을 두는 듯하네요.

■ 몸은 세계와 이어진다

이처럼 몸의 의의를 중시한 메를로퐁티는 더 나아가 **몸이 세계의 일부**라고까지 주장하기 시작했습니다. 무려 **몸은 세계의 '살'**이라고요.

이것도 곰곰이 생각해보면 알 것도 같습니다. 왜냐하면, **세계는 자기 마음 밖을 가리키고 있어서, 어디서부터 시작되는지 엄밀히 알 수 없기** 때문입니다.

어쩌면 우리의 몸은 이미 세계일지도 모릅니다. 그렇다면 발가락 끝에 손이 닿는다면 세계 여행이 되는 것일까요?!

신체 도식

사람은 딱히 의식도 하지 않고 손발이 움직인다. 걸을 때도 '오른발, 왼발……'이라고 생각하지 않는다. 손발 등의 신체는 의식과는 별개로 독자적인 의지를 통해 행동의 도식을 만든다고 메를로퐁티는 생각했다. 이것을 신체 도식이라고 한다.

> **메를로퐁티 한 줄 정리**
>
> 내 몸은 내 몸일 뿐만 아니라 세계의 일부다.

레비나스 Emmanuel Levinas

나는 타자에 대한 책임을 지고 있다

■ 얼굴을 생각해내라

되도록 스스로에게만 집중하게 해줘.

마메

에마뉘엘 레비나스

살았던 시기: 1906~1995 **주 활동 지역:** 프랑스 **분류:** 현상학 **주요 저서:** 《전체성과 무한》

리투아니아 출신 유대계 철학자. 제2차 세계대전 이후 프랑스에서 활약했다. 전쟁 중의 비참한 경험을 바탕으로 독자적인 윤리학을 구축했다.

어렸을 적, 얼굴을 제대로 보고 말하라고 들은 적 없나요?
마음에 켕기는 일이 있으면 상대의 얼굴을 볼 수가 없지요.
그만큼 얼굴은 우리의 마음을 자극하는 존재입니다.
얼굴은 사람마다 다 다르지요. 누군가의 얼굴을 떠올리면
어느새 그 사람을 진지하게 생각하고 마는 것은
이러한 이유 때문이 아닐까요.

오가와 선생님

'얼굴', '윤리', 타자와 어떻게 관계 맺을 것인가?

■ 얼굴은 타자 존재의 표상

레비나스가 '**얼굴**'에 주목한 까닭은 결코 얼굴을 밝히는 사람이어서가 아닙니다. 여기에는 깊은 이유가 있는데, 바로 제2차 세계대전과 연관되어 있습니다. 유대인이었던 레비나스는 전쟁으로 가족을 잃고, 고독에 빠지게 됩니다. 주변에 사람이 없지는 않았지만, 누군가 있다기보다는 **그저 '있다' 라고만 느꼈습니다**. 이런 상태를 **일리야**il y a라고 표현했습니다. 프랑스어로 '~가 있다'를 의미하는 말입니다.

레비나스는 이런 상태를 벗어나기 위해 **더욱 타자를 의식하려고** 했습니다. 주변에 자신 이외의 타자가 있다는 사실을 확인하고 싶었을 것입니다. 그래서 레비나스는 **타자의 얼굴**에 주목했습니다. 얼굴은 사람마다 다르기 때문입니다. 물론 자기 얼굴과도 다르고요.

만약 모두가 같은 얼굴이라면 그것은 더는 타자가 존재하지 않는 상태라고 보았습니다. 레비나스의 머릿속에는 전쟁 전 나치의 전체주의가 남아 있었던 탓이라고 생각합니다. 개성 없는, 모두 같은 존재로 여겨지던 시대 말이죠.

그래서 **타자란 반드시 자기 안에 흡수하면 안 되는 존재**라고 주장했습니다. **자기 안에 흡수한다는 것은 타자는 사라지고 내가 되고 만다는 의미** 이기 때문입니다. 바꿔 말하면 **타자를 존중하고, 타자에 대해 책임을 져야 한다**는 것입니다.

■ 타자의 존재 자체가 윤리

타인이 나에게 딱히 무언가를 해준 것도 아니고, 상대방에게 무언가 잘못을 한 것도 **아닌데도 무한 책임을 지는 상태**를 레비나스는 '**윤리**'라고 규정했습니다.

우리가 통상 사용하는, 자신과 타자의 상호관계를 의미하는 윤리라는 말과는 다르지만, 진짜 윤리는 이처럼 그저 타자를 존중하는 마음이어야 하는 것일지도 모릅니다.

윤리가 점점 설 자리를 잃어가는 현대 사회에서 재조명하고 싶은 철학이네요.

그대, 살인하지 말라

레비나스에 따르면 타자의 얼굴은 '그대, 살인하지 말라'라고 말을 걸어온다고 한다. 예를 들어, 기아에 허덕이는 아이가 눈앞에 있다면, 그 아이의 얼굴이 '도와주세요'라고 말없이 호소한다. 이 호소에 응답할 가능성을 레비나스는 책임이라고 했다.

레비나스 한 줄 정리

타자 덕분에 나라는 인간이 성립한다.

비트겐슈타인 Ludwig Wittgenstein
말할 수 없는 것에 대해서는 침묵해야 한다

■ 말할 수 없는 것에 대하여

루트비히 비트겐슈타인

살았던 시기: 1889~1951 **주 활동 지역**: 영국 **분류**: 분석철학 **주요 저서**: 《논리-철학 논고》, 《철학적 탐구》

오스트리아 출신의 철학자. 세계는 언어로 이야기할 수 있다고 주장하며, 언어철학의 발전에 공헌했다. 후대 논리실증주의에도 영향을 미쳤다.

괴짜 같은 철학자들 사이에서도 비트겐슈타인은 특히 별난 존재였다고 합니다. 그런 비트겐슈타인의 철학 명언에 '말할 수 없는 것에 대해서는 침묵해야 한다'라는 말이 있습니다. 말로 표현할 수 없는 것은 사고했다고 할 수 없다는 의미입니다. 그래서 만화에서도 증명 불가능한 것에는 입을 열지 않으려 했죠. 자신에 대해서는 예외인 듯하지만…….

오가와 선생님

'그림 이론', '언어 게임', 언어와 세계의 관계는?

■ 언어로 설명할 수 있는 것이 세계?

한마디로 비트겐슈타인의 철학은 **언어와 세계의 관계를 대상으로 한 철학**입니다. 그런데 비트겐슈타인의 사상은 전기와 후기로 크게 나뉘는데, 이것이 별나다는 소리를 듣는 이유 중 하나입니다. 비트겐슈타인은 전기의 사상을 일찍이 완성하고는 은퇴했습니다. 그리고 시골 초등학교에서 학생들을 가르쳤지요. 그런데 몇 년 후, 다시 자신의 사상을 부정하며 후기의 사상을 새로이 세웁니다.

비트겐슈타인의 전기 사상이 바로 만화에도 나온 **세계를 말로 표현하는 것**입니다. 즉, 비트겐슈타인은 **이 세계의 사물은 기본적으로 언어로 나타낼 수 있고, 그 의미로 언어와 세계는 대응 관계에 있다**고 생각했습니다. 이것이 **그림 이론**입니다.

마치 언어가 세계를 베껴 형태를 이루고 있는 모양새입니다. 그리고 이것이야말로 철학이라고 말했습니다. 그렇다면 언어로 명확하게 표현할 수 없는 것은 어떻게 되느냐는 문제에 직면하게 됩니다. 예를 들자면, 누구도 실체를 모르는 신이라든가, 정확히 무엇인지 규정지을 수 없는 선善과 같은 추상적인 개념 말이죠.

이에 비트겐슈타인은 신과 선처럼 **언어로 표현되지 않는 것은 철학의 대상으로 삼지 않아야 한다**고 답했습니다.

■ 언어의 의미를 해석하는 '언어 게임'

비트겐슈타인은 훗날 전기에 주장했던 자신의 이 사상을 부정합니다. **언어는 세계를 베끼는 것이 아니라 오히려 세계의 모습에 따라 의미가 바뀌는 것**이라고 주장합니다. 이것은 이전의 사상과는 정반대되지요.

하지만 생각해보면, 말의 의미는 상황이나 문맥에 따라 바뀌기 때문에 이 주장도 또 맞는 이야기입니다. 이렇게 **문맥 속에서 말을 주고받는 것**을 **언어 게임**이라고 불렀습니다.

우리는 일상적으로 이 언어 게임을 하면서 주위 사람들과 소통하고 있습니다. 여러분도 괴짜라는 말을 듣지 않도록 제대로 언어 게임 합시다.

언어 게임

그림 이론을 통해 철학에서 불필요한 것을 배제할 수 있었다고 생각한 비트겐슈타인. 이후 철학계를 떠났지만, 10년 정도 뒤에 복귀한다. 그림 이론에서 사용했던 과학적 언어가 아니라 그 전 단계라 할 수 있는 일상 대화의 분석이 필요하다고 판단했다.

비트겐슈타인 한 줄 정리

사람은 대화하면서 그 의미를 해석하는 언어 게임을 수행하고 있다.

칼럼 4

두 번의 세계대전이 현대 전반 시기 철학에 끼친 영향

■ 20세기는 복잡한 시대

현대라는 시대를 어떻게 표현할 것인가? 이것은 대단히 어려운 질문입니다. 시대상 20세기 이후에 해당하는데, 20세기만 들여다봐도 정말 다양한 일들이 일어났었거든요.

이런 시대와 함께 현대 철학에서도 다채로운 주장들이 등장했습니다. 하지만 이런 현상 또한 현대 철학의 특징이라는 생각이 드네요. 현대 철학을 모두 다루자면 지면이 부족해서 이 책에서는 현대를 크게 둘로 나누었습니다. 여기에 명확한 기준이 있다고는 할 수 없지만, 그래도 한 가지 기준을 들자면 역시 두 번의 세계대전입니다.

■ 전쟁 외의 새로운 주제도

다시 말해, 제2차 세계대전을 기점으로 20세기의 전반과 후반을 나누었습니다. 예를 들어, 제1차 세계대전, 두 전쟁 사이의 시기, 제2차 세계대전 직후를 20세기의 전반이라 보았고, 그 시기에는 하이데거, 사르트르, 레비나스 등의 철학자가 활약했습니다.

전쟁은 그들에게 철학을 할 계기가 되었을 것입니다. 개인과 사회의 존재에 대한 거대 담론이 던져졌다고 할 수 있겠습니다.

또, 이 시기는 그때까지 그다지 주목하지 않았던 주제에 대해 깊이 고찰하기 시작한 시대이기도 합니다. 몸에 대해 생각한 메를로퐁티, 언어에 대해서 생각한 비트겐슈타인 등이 대표적이지요. 그들의 논의는 21세기인 지금도 여전히 계속 회자되고 있습니다.

장 폴 사르트르. 1966년 일본 방문 기자회견 모습.

제 5 장

현대 철학 〈Part 2〉

새로운 세계의 창조를 시도한 시대

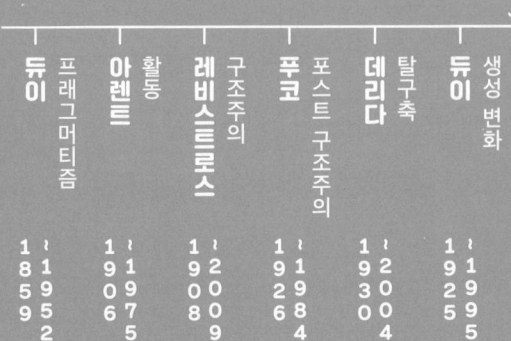

듀이	아렌트	레비스트로스	푸코	데리다	듀이
프래그머티즘	활동	구조주의	포스트 구조주의	탈구축	생성 변화
1859~1952	1906~1975	1908~2009	1926~1984	1930~2004	1925~1995

다양화하는 세계의 앞날은?

듀이 John Dewey

지식이란 곤란을 해결하고
더욱 잘 살기 위한 도구다

■ 생각이야말로 최고의 도구

듀이의 학습론은 한국에도
꽤 영향을 끼쳤대.

마메

존 듀이

살았던 시기: 1859~1952 **주 활동 지역:** 미국 **분류:** 프래그머티즘 **주요 저서:** 《민주주의와 교육》

미국의 철학자. 프래그머티즘(실용주의)을 내세워 도구주의를 주창했고, 자유로운 지성을 행사하기 위한 교육을 중시했다.

> 만화에서 듀이가 말했듯이 궁극의 도구는 생각 같네요.
> 이런 의미에서 철학은 사고 행위이기 때문에, 사고를 연마하면
> 머릿속 도구함이 풍족해지겠지요. 그러나 모두가 그렇게
> 생각하지는 않습니다. 애초에 철학자들도 그랬거든요.
> 이런 생각을 바꾼 이들이 바로 듀이로 대표되는
> '프래그머티스트(실용주의자)'입니다.

오가와 선생님

'프래그머티즘', 지식을 어떻게 쓸 것인가?

■ 지식 자체에는 가치가 없다

대부분의 서양철학은 프랑스, 독일, 영국과 같은 유럽 국가에서 시작되었습니다. 미국 태생 철학은 별로 없죠.

이렇게 드문 미국 철학의 귀중한 사조 중 하나가 바로 **프래그머티즘** pragmatism(실용주의)입니다. 애초에 미국은 유럽의 전통을 거부하며 뛰쳐나온 이들이 만든 나라입니다. 그래서 철학도 유럽의 전통적인 그것과는 전혀 달랐습니다. **유럽에서의 철학은 지식을 추구하는 학문**이었습니다. 하지만 **미국에서는 어떻게 지식을 활용하는가를 중시**합니다. 정말 미국답네요. 아무것도 없는 황무지를 개척해 나라를 세우려면 지식을 적극적으로 활용해야 했기 때문입니다.

먼저 찰스 샌더스 퍼스Charles Sanders Peirce, 1839~1914라는 인물이 프래그머티즘을 탄생시켰고, 다음으로 윌리엄 제임스William James, 1842~1910가 그 뒤를 계승했고, 마지막으로 듀이가 완성했습니다.

이후 현대에 이르기까지 프래그머티즘은 계속 발전했는데, 일단은 듀이가 기본적인 형태를 완성했다고 봅니다.

■ 교육을 중시해 스스로 실천

듀이는 **지식을 도구로 보며 명확하게 도구주의를 주창**했으며, 게다가 **지식을 활용해 문제를 해결하기 위한 방법론까지 확립**했습니다. 이것이 현대의 **문제해결형 학습(액티브 러닝)**과 문제해결 수법의 원형입니다.

실제 듀이는 사회 문제를 해결하고, 세상을 더 좋은 곳으로 만드는 데 힘을 쏟았습니다. 이를 위해 교육을 중시했으며, 스스로 프래그머티즘을 실천하려고 초등학교를 세우기도 했습니다. 이렇게 해서 진정한 민주주의를 구축하고자 했던 것입니다.

이런 과정은 결코 한 번으로 완성되지 않습니다. 몇 번이고 시행착오를 반복하면서 더 나은 방향으로 나아가지요. 이것이 바로 미국이 여러 위기를 극복하고 지금과 같은 세계 제일의 국가로 계속 발전해갈 수 있었던 비결인지도 모르겠습니다.

프래그머티즘

창시자 찰스 샌더스 퍼스는 '말이나 관념은 행동한 결과에 따라 분명해지는 것'이라고 하며, 행동의 결과로 개념이 바뀐다고 주장했다. 윌리엄 제임스는 '이른바 관념은, 유용한 결과를 가져오는 한 진리'라고 하며, 진리는 유용성으로 논해져야 한다고 주장했다.

듀이 한 줄 정리

인간의 지식은 도구에 지나지 않으며, 지식 그 자체에는 가치가 없다.

아렌트 Hannah Arendt

사람은 행위와 언론으로 세상에 모습을 드러낸다

■ 노동과 업무와 행위

아렌트는 미국에서 활약한 여성 철학자야.

마메

한나 아렌트

살았던 시기: 1906~1975 **주 활동 지역:** 미국 **분류:** 공공철학 **주요 저서:** 《전체주의의 기원》, 《인간의 조건》

독일 출신의 현대 사상가. 미국으로 망명해 활약했다. 전체주의를 분석하고, 사회활동의 중요성을 설파했다. 현대 공공철학의 창시자다.

> 과연 로봇이라서 지치지 않았던 것이군요……라고 할 문제가 아니라, 아렌트가 말하고자 한 바는 일에도 몇 가지 종류가 있다는 것이었습니다. 집안일 같은 노동부터 회사에서의 작업, 그리고 나아가서는 지역 활동과 같은 행위까지요. 인간의 활동은 다양해서 각각의 의미가 있습니다. 뭐, 로봇에게는 다 똑같이 느껴지겠지만요.

오가와 선생님

'행위', 인간다운 삶이란?

■ 인간의 활동에는 세 가지가 있다

인간의 조건이란 무엇일까? 이것이 아렌트의 질문이었습니다. 그리고 그 답은 **노동**labor, **작업**work, 그리고 **행위**action**를 하는 것**이었습니다. 확실히 인간은 일하며 사는 존재이지요. 하지만 뭉뚱그려 일한다고 표현해도, 그 안에서도 종류가 몇 가지로 나뉩니다.

먼저 노동은 집안일과 같이 살아가는 데에 꼭 필요한 활동을 가리킵니다. 이와 대조적으로 작업은 조금 더 창조적인 활동입니다. 회사에서 일하는 것은 기본적으로 여기에 해당합니다.

재미있는 점은 **행위**가 들어갔다는 것입니다. 이것은 **지역에서의 활동이나 정치활동**을 말하는데, 사회에서 살아가려면 누구든 이런 영역에서도 역할을 다해야 합니다. 그래서 이것도 일에 속하고, 무엇보다 인간의 조건 중 하나인 셈이죠.

■ 다양한 의견이야말로 소중하다

아렌트에 따르면 인간은 모두 다른 존재입니다. 하지만 이런 점은 모르는 사람들을 만났을 때만 의식됩니다. 보통 노동이나 작업 중일 때는 정해진 사람하고만 접촉하기 때문에 다른 사람과 만난다는 감각이 없습니다.

그렇게 되면 사회적 논의가 사라지고, 논의가 사라지니 사물을 생각할 일도 없어집니다. **매일 같은 사람과 얼굴을 맞대고, 같은 행동을 반복할 뿐이라면 확실히 더는 사고할 일이 없겠네요.** 그저 루틴을 반복하기만 하면 되니까요.

과연 이것을 인간이라고 할 수 있을까요? **인간이라는, 한 사람 한 사람의 개성을 가진 존재는 자신의 고유한 의견을 주장하며 비로소 사회에 공헌할 수 있습니다.** 바꿔 말하면, 자기 목소리를 낼 때 비로소 공공성을 기르는 것이 가능해지죠.

이와 반대로 모두가 같은 의견을 가지도록 강요한 것이 전체주의라는 사상이었습니다. 아렌트는 이런 **전체주의에 대항하기 위해서 공공성의 의의를 설파**했습니다. 그렇게 공공철학의 시조가 된 것입니다.

전체주의

아렌트는 계급사회가 해체되고 대중사회가 도래하며 전체주의가 생겨났다고 보았다. 대중사회는 뿔뿔이 흩어진 개인과 사회에 무관심한 사람들의 집합체다. 사람들이 스스로 생각하지 않고, 모든 일을 타인에게 맡겨버리면 필연적으로 독재자가 등장한다.

아렌트 한 줄 정리

사람은 일 이외의 활동을 함으로써 공공성에 공헌해야 한다.

레비스트로스 Claude Lévi-Strauss

어떤 문명이든 자기 사고의 객관성을 과대평가하는 경향이 있다

■ 전체 구조로 보다

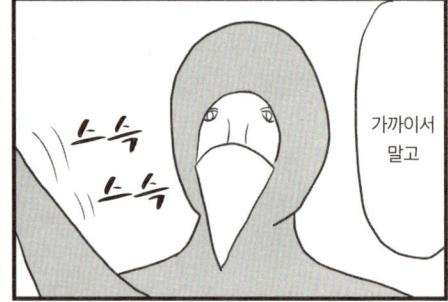

리바이 스트라우스(청바지 브랜드)로 착각하기도 한다고.

마메

클로드 레비스트로스

살았던 시기: 1908~2009 **주 활동 지역**: 프랑스 **분류**: 구조주의 **주요 저서**: 《슬픈 열대》, 《야생의 사고》
프랑스의 문화인류학자. 현장 연구를 통해서 구조주의를 확립했다. 종래의 편중된 유럽과 미국 중심주의를 비판했다.

전체 구조에서 보아 공작인 것을 알게 되어도……, 확실히 의미를 모르겠네요. 하지만 나무만 보고 숲을 보지 못한다는 말이 있듯이 일부만으로는 더욱 알 수가 없는 법입니다. 부리 부분이나 발 부분만 봐서는요. 레비스트로스는 바로 이런 점을 제창한 인물입니다. 전체 구조로 보라고요. 벌레의 눈이 아니라 새의 눈, 조감도로요.

오가와 선생님

'구조주의', '야생의 사고', 전체를 봐야 할 필요성이란?

■ 고루한 판단의 잘못

뜬금없는 이야기지만, 결혼 상대가 처음부터 정해져 있는 사회를 어떻게 생각하시나요? 오랜 옛날이야기 같지요? 고리타분해! 지금은 21세기라고! …… 화가 나지 않는지요. 그런데 정략결혼이 **정말 옛날이야기일까요?**

레비스트로스는 이런 문제를 제기한 철학자입니다. 원래 레비스트로스는 문화인류학자였습니다. 그래서 당시 미개사회 등을 연구했었지요. 연구하는 과정에서 몇몇 집단에 사촌과 결혼하는 풍습이 있었습니다. 처음에는 시대에 맞지 않는 풍습이라고 보았죠.

하지만 **그 집단의 전체 구조를 조사해보니 민족을 존속시키기 위한 훌륭한 시스템**이었습니다. 그래서 **일부분만 보고 시대에 뒤처졌다고 섣불리 판단하는 것은 잘못됐다**고 주장하기 시작했습니다. 이것이 **구조주의**라는 사상입니다.

구조주의를 적용해 신화 등을 분석해보니 이야기를 구성하는 요소는 바뀌어도 그 전체적인 틀은 같다는 것이 밝혀졌습니다. 이렇듯 구조주의는 사물을 분석하는 틀로 널리 활용되어, 큰 반향을 일으켰습니다.

■ 문명이 늘 뛰어나진 않다

구조주의를 발견하고 레비스트로스가 한 가지 더 깨달은 것이 있는데, **야생의 사고의 강인함**입니다. 문명사회의 과학적인 사고와는 방식이 다를 뿐 전체 구조에서 보면 미개사회의 방식은 야생의 사고라고 불러도 될 만큼 엄연한 하나의 사고방식이었습니다.

그 한 가지 예가 **브리콜라주**bricolage입니다. 직접 물건을 수리한다는 의미로도 번역되는데, 핵심은 **설계도나 전문적인 지식 없이도 마침 그 자리에 있는 재료로 필요한 물건을 적절하게 만들어낼 수 있다는 발상**입니다.

이런 강인함은 문명사회에는 결여되어 있죠. 그래서 문명의 사고와 야생의 사고를 모두 갖춘 것이 이상적이랍니다. 레비스트로스도 어느 한쪽이 더 뛰어나다는 의미가 아니라고, 분명 그렇게 말하고 싶었을 것입니다.

교차사촌혼
남성과 그 외사촌 여성을 결혼시키는 풍습을 말한다. 부계사회 남자에게 외숙부의 딸은 전혀 다른 가족 집단에 속하기 때문에, 이러한 관계의 남녀가 결혼하면 늘 다른 가족 집단에서 사람 교환이 이루어지게 된다.

레비스트로스 한 줄 정리

일부 현상이 아니라 전체 구조로 눈을 돌리면 본질이 보인다.

푸코 Michel Foucault

사람들은 사회의 순종하는 수감자로, 자발적으로 권력에 묶여 있다

■ 감시 카메라

푸코는 동성애자로서 사회의 냉대를 돌파하려고 했다네요…….

마메

미셸 푸코

살았던 시기: 1926~1984 **주 활동 지역:** 프랑스 **분류:** 포스트 구조주의 **주요 저서:** 《말과 사물》, 《감옥의 탄생》

프랑스의 현대 사상가. 감옥 분석을 통해 권력을 깊이 고찰했다. 구조주의를 비판적으로 계승한 포스트 구조주의로 구분된다.

지금은 바야흐로 감시사회입니다. 감히 나쁜 짓을 할 수 없지요. 다들 법을 지키며 살 수밖에 없습니다. 사실 푸코는 만화에서처럼 감시사회를 추구했던 사람이 아니라 반대했던 사람입니다. 왜냐하면 감시사회는 우리의 자유를 빼앗으니까요. 여러분의 행동이 하나하나 감시당한다면 얼마나 답답할까요? 아시다시피 인간이란 늘 바람직한 존재는 아니잖아요.

오가와 선생님

'파놉티콘', 사회의 규율이란 무엇인가?

■ 현대 사회는 '파놉티콘'

당연함을 의심하는 학문이 철학인데, 현대 사회 인물 중 가장 철저하게 이 당연함을 의심했던 이가 바로 푸코일 것입니다.

감시사회를 예로 들어볼까요. 현대는 여러 곳에 감시 카메라가 설치되어 있습니다. 그래서 수많은 감시 카메라들을 우리는 이제 당연하게 여기는데, 과연 당연할까요?

애초에 **감시사회의 모델은 파놉티콘**panopticon**이라는 감옥에 대한 구상에서 시작**되었다고 합니다. 영국의 사상가인 벤담(→ 74쪽)이 고안했는데, 수감자들을 효율적으로 감시하기 위한 구조로 되어 있습니다. 그리고 푸코는 이 파놉티콘이 바로 감시사회의 모델이라고 말합니다.

파놉티콘은 중앙에 감시탑이 있고, 그 둘레에 수감자들의 독방이 있습니다. 수감자들은 항상 감시탑의 감시자에게 감시당하는데, 수감자들은 이런 감시를 의식해 늘 규율을 준수하며 생활하게 됩니다. 설령 누가 보고 있지 않더라도요. 감시하는 자와 감시당하는 자, **한쪽이 다른 쪽에게 완전히 복종하는 이 불균형이 권력의 상징**입니다.

■ 교묘한 권력의 통제

근대 사회는 이러한 감시 구조를 병원, 학교, 공장 등 **여러 장소에 적용하기 시작**한 시기입니다. 왜냐하면, 사람들이 착실하게 일을 하도록 시키기에 편리하기 때문입니다. 이것이 근대 이전의 권력이 **죽음의 권력**이라 불린 것에 반해, 근대의 권력은 **생명의 권력**이라고 불리는 까닭입니다.

푸코는 학교 등에서 '규칙을 지키자', '시간을 지키자'라며 행해지는 훈련이 생의 권력에 공헌하고 있다고 보았습니다. **우리는 일상생활 속에서 알게 모르게 권력에 통제되고 있는 것**이지요.

예를 들어 최근 중국에서는 AI를 이용한 감시 카메라·네트워크가 상용화되고 있는데, 아무리 좋게 생각하려 해도 권력에 의한 통제 강화로밖에 보이지 않습니다.

그래서 우리는 지금이야말로 푸코의 주장에 귀 기울일 필요가 있습니다. 모든 사생활을 잃기 전에요.

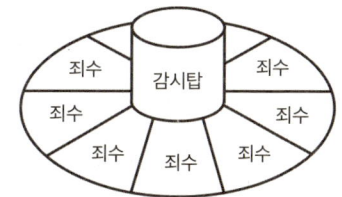

파놉티콘의 이미지

감시탑의 감시자는 모든 수감자의 행동을 파악할 수 있지만, 수감자들은 감시자가 무엇을 하고 있는지 알 수 없다. 감시당하고 있을 것이라는 의식을 내면화시켜 자발적으로 복종하게 한다. '일망감시장치' 등으로 번역된다.

> **푸코 한 줄 정리**
>
> **근대 사회는 교묘한 교도소와 같다.**

데리다 Jacques Derrida

개선한다는 것은 탈구축하는 것을 뜻한다

■ 탈구축의 과정

의미를 이해하려면 좀 더 설명이 필요해.

마메

자크 데리다

살았던 시기: 1930~2004 **주 활동 지역:** 프랑스 **분류:** 포스트 구조주의 **주요 저서:** 《그라마톨로지》

프랑스의 현대 사상가. 포스트 구조주의의 대표적인 인물이다. 탈구축(해체)이라는 개념으로 전통적인 서양철학에 의문을 제기했다. 국제 철학 콜라주를 창설했다.

일단 전부 해체하고 처음부터 다시 만들기. 데리다의 주장을 정말 간단히 정리하자면 이렇게 설명할 수 있겠네요. 이것이 바로 '탈구축'입니다. 해체하는 것은 무언가 지장이 있기 때문입니다. 다만, 젠가의 경우 처음부터 다시 하면 의미가 없어지는데, 탈구축은 어디까지나 처음부터 다시 만듦으로써 의미가 있는 경우에만 유효한 개념입니다.

오가와 선생님

'탈구축', 처음부터 다시 만든다는 것은?

■ **포스트 구조주의의 시대**

데리다는 포스트 구조주의의 기수라고 불리는, 현대 사상의 대표적인 인물입니다. 20세기 후반은 근대 이후 사상이 가장 꽃핀 시대로, 이 사상의 계통을 **포스트 구조주의**라고 합니다.

포스트 구조주의는 데리다로 상징되듯이 '**다 해체해보자**'라는 분위기가 그 특징입니다. 근대 이전에는 사람들이 똑같은 목표를 향해 나아간다고 이해되었습니다. 철학사를 되돌아봐도 고대 그리스에서는 폴리스라 불리는 공동체를 통해 하나의 목표를 공유했고, 중세 사회에서도 기독교를 기반으로 모두 같은 생각을 공유했다고 볼 수 있습니다.

그리고 근대 시기에는 사람들이 국민국가라는 틀 안에서 공통된 목표를 향해 달려갔습니다. 부국강병이 사람들이 일관되게 가진 공통 목표였죠.

하지만 20세기 후반에는 개개인이 뿔뿔이 흩어지게 됩니다. 이러한 시대 분위기에 호응하듯이 **근대적인 가치관을 제각각 해체하는 사상이 대두**됩니다. 데리다의 **탈구축**은 그중 **하나**입니다.

■ **일단 해체하기**

이것은 **근대까지 당연시되었던 이항대립적인 사고, 가치관을 송두리째 뒤**

흔들고, 다시 한번 처음부터 다시 만들어가자는 사상이었습니다. 오래전부터 서양 사회는 서양과 동양을 이항대립적으로 보고, 서양 사회가 우위에 있다고 생각했습니다.

그러나 이 오만이 두 번의 세계대전을 비롯해 여러 문제를 초래했다는 것은 말할 필요도 없지요. 그래서 데리다는 일단 다 따로 해체할 필요가 있다고 생각했습니다. 세상의 가치관, 그 자체를 말이죠. 그리고 새로운 가치관을 다시 구축하고자 했습니다.

이렇게 살펴보고 나니, 젠가에서 뺄 만한 블록이 보이지 않고, 쓰러질 것 같다고 무너뜨리는 것은 탈구축과 아무 상관이 없네요. 아, 젠가도 처음부터 다시 하면 잘할 수 있다고요? 뭐, 그럴 수도 있겠지만…….

포스트 구조주의

데리다, 푸코, 들뢰즈 등으로 대표되는 구조주의 이후 철학을 통틀어 일컫는 말이다. 이들 사이에 명확하게 공통되는 사상은 없지만, 종래의 철학이 지니고 있었던 사물을 보는 고정적인 방식을 극복하고자 한 태도는 유사하다.

> **데리다 한 줄 정리**
> 사물의 기존 존재 방식을 해체하고 처음부터 새롭게 구축하자.

들뢰즈 Gilles Deleuze

리좀의 어떤 한 점이든 다른 어떤 한 점과 접합될 수 있다

■ 지금까지의 개념을 갱신하자

노마드적인 삶을 제창했으나, 본인은 그러지 않았다고.

마메

질 들뢰즈

살았던 시기: 1925~1995　**주 활동 지역:** 프랑스　**분류:** 포스트 구조주의　**주요 저서:** 《안티 오이디푸스》, 《천 개의 고원》

프랑스의 현대 사상가. 포스트 구조주의의 기수다. 정신분석가 펠릭스 가타리Pierre-Félix Guattari, 1930~1992와의 공저를 통해 새로운 개념을 만들어냈다.

어딘지 모르게 외계인 같은 머리 모양이 되긴 했지만, 확실히 참신하긴 하네요. 어쩌면 몇 년 후에 유행할지도 모르죠. 머리 스타일이나 패션이 특히 그렇지만, 사물 또한 점점 바뀌어가지요. 들뢰즈는 이런 생성 변화를 중시했던 철학자입니다. 그렇게 철학자로서 기존의 개념을 점점 새로운 것으로 스스로 갱신해갔습니다.

오가와 선생님

'리좀', '욕망 기계', '기관 없는 신체', 유연한 사고란?

■ 트리에서 리좀으로

들뢰즈는 **사물의 생성 변화에 주목**한 철학자입니다. 통상의 사고법은 원리 원칙 중심이었고, 이에 기반해서 논리적으로 사고가 진행되었습니다. 들뢰즈는 이러한 사고법을 굵은 나무줄기에서 가지가 뻗어가는 모양을 상상해, **트리**tree라고 불렀습니다.

이에 반해 **더 동적이고 유연한 사고법을 리좀**rhizome**이라고 불렀습니다. 리좀이란 뿌리 형태의 줄기로, 중심도 시작도 끝도 없는 뿌리의 모양새**입니다.

그래서 원리원칙에 얽매이지 않고 자유롭게 사고할 수 있습니다. 게다가 리좀은 또한 어딘가가 끊어지고 이어질 때마다 새로운 것이 만들어진다고 합니다.

들뢰즈도 20세기 후반 포스트 구조주의를 대표하는 인물 중 하나인데, 들뢰즈가 활동하던 시대에는 가치관이 유동화되며 유연한 사고가 요구되었습니다. 철학도 새로운 단계로의 진화가 필요했고, 다양하고 새로운 개념이 탄생했습니다.

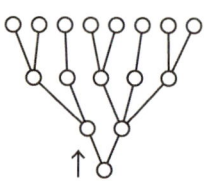

트리의 이미지 나무와 같은 이미지. 서양의 지배적인 사고는 '사물은 하나의 근원으로부터 가지가 갈려져 나가, 한 방향으로 발전한다'는 것이다.

■ 새로운 개념을 탄생시키다

들뢰즈는 이러한 사조의 선두에 서서 **철학은 개념의 창조**라고 거침없이 **단언**했습니다. 그래서 스스로 리좀이라는 개념 외에도 '**욕망 기계**', '**기관 없는 신체**' 등의 매력적인 말들을 탄생시켰습니다.

욕망 기계란, 일반적인 기계가 아니라 **자신을 낳는, 자기 출산의 메커니즘**을 가리킵니다. 우리의 의지와는 관계없이 자신을 추동하는 이 세상의 시스템 같은 것입니다.

기관이 없는 신체는 유기체인 신체가 각각의 기관에 얽매이지 않고 전체로서 욕망을 실현하는 상태를 말합니다. 즉, 부분적인 것에 구속되지 않고, 전체가 그것과는 다른 차원에서 의미가 있다는 것의 비유적인 표현입니다.

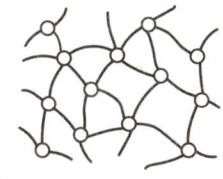

리좀의 이미지 뿌리줄기 같은 이미지. 처음도 끝도 없이 종횡무진 퍼져간다. 서로 다른 생각(차이)을 통일하려 하지 않고, 차이를 차이로서 있는 그대로 받아들인다.

창조성이 돋보이는 들뢰즈의 사상은 어떠신가요? 아, 마치 외계인과 이야기하는 것 같다고요? 앗, 이것은 참신한 거랍니다.

들뢰즈 한 줄 정리

더 유연하게 사고하여 새로운 개념을 창조하자.

> 칼럼 5

혁신, 차이와 변화, 전후에서 21세기 철학으로

■ 전후, 미국의 융성

제2차 세계대전 이후, 세계는 미국을 중심으로 돌아가기 시작합니다. 세계의 중심 무대가 된 미국에서 활약한 이가 공공철학의 시조라 불리는 아렌트였습니다. 아렌트는 전체주의를 철저히 파헤쳤다고 봐도 무방합니다.

또 이 미국에서 미국다운 철학이 발전합니다. 한마디로 결과가 좋다면 그것은 바람직한 것이라고 여기는 프래그머티즘입니다. 듀이가 그 완성자로 불립니다. 프래그머티즘은 철학 세계뿐만 아니라 비즈니스 세계에서도 혁신을 낳는 원동력이 되었습니다.

■ 끊임없이 진화하는 포스트모던 사상

그럼, 전통적인 유럽 철학은 어땠을까요? 유럽에서는 프랑스를 중심으로 현대 철학이 전개되었습니다. 현대 철학은 현대 사상으로도 불리는데, 그 중심에는 프랑스 현대 사상이 있었습니다.

레비스트로스가 수립한 구조주의를 뛰어넘는 형태로 포스트 구조주의자로 불리는 철학자들이 활약했습니다. 푸코, 데리다, 들뢰즈가 이 시기를 대표하는 프랑스의 철학자들이죠. 이들은 모두 근대와는 정반대로, 차이와 변화라는 키워드와 함께 뿔뿔이 흩어진 개인을 칭송하는 사상을 주창합니다. 그래서 근대 이후라는 의미로 포스트모던 사상이라고도 불리지요.

이 책에서는 다루지 않지만, 21세기인 지금도 철학은 더욱 진화하고 있습니다. 이것이 어떤 것인지는 아직 규정할 수 없지만, 한 가지 말할 수 있는 것은, 이 혼란스러운 시대를 상징하는 것이라는 점입니다. 철학은 언제나 시대와 함께하기 때문입니다.

자크 데리다. 1983년 일본 방문 당시, 도쿄 아자부 국제문화회관에서의 모습.

주요 참고 문헌

《그림 해설 오가와 히토시의 친절한 철학 교실(圖解小川仁志のやさしい哲學敎室)》(오가와 히토시 지음, 미카사쇼보, 2021)
《세계 철학자의 말로 배우자-명언 100개로 이해하는 철학 입문(世界の哲学者の言葉から学ぼう―100の名言でわかる哲学入門)》(오가와 히토시 지음, 교육평론사, 2018)
《그림 해설 한 권으로 다시 배우는 철학의 책(図説 一冊で学び直せる哲学の本)》(오가와 히토시 감수, 각켄플러스, 2019)
《세상에서 가장 빠른 철학 공부》(보도사 편집부 지음, 오가와 히토시 감수, 박소영 옮김, 위즈덤하우스, 2020)

이토록 가벼운 8컷 철학

1판 1쇄 인쇄 2023년 8월 14일
1판 1쇄 발행 2023년 8월 22일

지은이 오가와 히토시
그림 마메
옮긴이 김수정

펴낸이 김동식
펴낸곳 반니
주소 서울시 강남구 영동대로 502, 5층
전화 02-6240-6720
전자우편 banni@interparkshop.com
출판등록 2006년 12월 18일(제2014-000251호)

ISBN 979-11-6796-128-0 03160

책값은 뒤표지에 있습니다.
잘못된 책은 구입하신 곳에서 교환해드립니다.